Estados Unidos

La experiencia de la libertad

Una reflexión filosófico-política

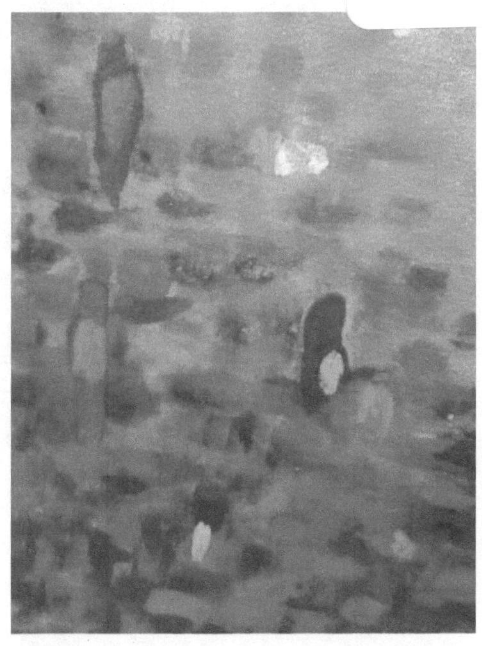

(Ensayo, 5)

Estados Unidos

La experiencia de la libertad

Una reflexión filosófico-política

Suzanne Islas Azaïs

CoNtRaStE

Primera edición impresa en Contraste Editorial, 2022
© Suzanne Islas Azais
© Contraste Editorial, S. A. de C. V.
I. Ramírez 4, Chilpancingo, Guerrero, 39000
www.contrasteed.jimdo.com
Contacto: contrasteeditorial@hotmail.com
Diseño de portada: © Arq. Juan Carlos Rendón Alarcón
Imagen de la portada: ©Contraste Editorial S. A. de C. V.,
detalle de un cuadro de ©Joel Martínez
ISBN 978-607-99627-1-5

*Para mamá,
con su espíritu de esperanza*

*Para nuestra familia
mexicoamericana*

Año 2021

*En la superficie, lo que teníamos entre manos era
una mera cuestión técnica (la simple Unión),
pero si uno lo miraba con mayor detenimiento,
era más que eso. ¿Cómo debían vivir los hombres?
¿Cómo podían vivir? (roger bevins iii)*
George Saunders, *Lincoln en el Bardo*

Originalmente publicado en 2009, el presente libro fue escrito bajo la circunstancia extraordinaria que significó la elección de Barak Obama como Presidente de Estados Unidos. Pero el grato asombro de entonces fue seguido de la incertidumbre que significó el proceso electoral que llevó a la Presidencia a Donald Trump. La decisión histórica de 2008 parecía así haberse cancelado tan solo ocho años después. Trump, como sabemos, habría de ser Presidente de un único periodo. No obstante, su administración culminó con la irrupción violenta en el Capitolio el 6 de enero de 2021, de modo que conviene no subestimar lo sucedido a lo largo de esos cuatro años.

Al revisar los contenidos del libro para esta nueva edición encontramos algunas alertas ya señaladas entonces y que se manifestaron particularmente en la administración Trump. En este sentido conviene destacar, en primer lugar, el racismo como realidad ignominiosa, mismo que pensamos superado con la elección de Obama y, por el contrario, se reveló como una división persistente que incluso fue promovida desde la Presidencia misma (las declaraciones luego de los hechos violentos de Charlottesville, Virginia, en agosto de 2017, son elocuentes al respecto). En segundo lugar, la desigualdad social y económica, aquella que puso al descubierto el huracán Katrina, volvió a mostrarse con la desigual vulnerabilidad de los distintos sectores de la población ante la pandemia de Covid 19. La insuficiente cobertura del servicio público de salud, así como la lenta respuesta por parte del gobierno de un país a la vanguardia en ciencia y tecnología son otras señales de síntomas que han alcanzado el nivel de urgencia: la quiebra del orden público. Un problema del tipo que ha planteado la pandemia solo puede enfrentarse eficazmente con la acción común coordinada desde el gobierno. El fracaso de lo anterior se cobra de forma muy dolorosa: con la pérdida en vidas humanas. Y la cifra para Estados Unidos ha sido injustificablemente alta.

Pero el orden público no se fractura de la noche a la mañana. Tampoco el resultado de una única elección lo produce. Y cuando el ciudadano abdica de su responsabilidad con lo público entonces los cimientos que sostienen la vida en común se vuelven más frágiles. Elegir a un "empresario exitoso" para encabezar el gobierno equiparaba lo inequiparable: la administración de los negocios con las condiciones para una vida social libre. Las consecuencias están a la vista. Los últimos meses de Trump se vivieron además en medio de una incertidumbre político-institucional en la que incluso llegó a ponerse en duda la legitimidad del voto emitido el 3 de noviembre de 2020 y su mandato de cambio. Luego vino el 6 de enero de 2021 con la irrupción violenta en el Capitolio. Si bien el relevo en el poder logró realizarse de forma pacífica en la fecha establecida, lo cierto también es que esta cadena de hechos significó una ruptura en la vida de la república: por primera vez en mucho tiempo la política se volvió problemática para una sociedad que vive su día a día en el marco de una institucionalidad en muchas ocasiones prácticamente imperceptible.

Los asuntos del poder político irrumpieron así en la vida privada de las personas. Conviene recordar aquí que aquellas trece colonias de costumbres y prácticas democráticas terminaron por extenderse a lo largo de un vasto territorio para convertirse, en la actualidad, en un país complejo social, económica y sobre todo culturalmente. Y esta complejidad no puede sino guardar una relación problemática con el sustento sociocultural y religioso que dio viabilidad a la primera democracia de la época moderna e hizo posible el mayor impulso a la iniciativa individual.

Esta complejidad, para decirlo con mayor precisión, no puede ya procesarse únicamente a partir de ese cemento originario (muchas de cuyas prácticas y costumbres, por cierto, han terminado por erosionarse). De esta manera, la organización de la vida pública no puede dejarse sin más a la espontaneidad o a la sola iniciativa individual. El autogobierno como forma de vida política al que aspiraban Hamilton, Washington y Jefferson —entre otros— solo podrá preservarse en el futuro con el protagonismo activo del ciudadano en la esfera pública.

Pero la crisis política que marcó los últimos meses del presidente Trump no debe llevarnos a dejar de lado un dato importante: el 66.7% de los ciudadanos participó en los comicios del 3 de noviembre del 2020 (un registro histórico de 158.4 millones de sufragios emitidos). Con voto adelantado, voto por correo o voto emitido el día mismo —en algunos casos luego de una larga fila de espera— la participación electoral en medio de las circunstancias extremas de la pandemia testimonió la importancia que la ciudadanía otorgó a las elecciones. El resultado dividido de 51.3% de los sufragios para Joe Biden y 46.8% para Donald Trump muestra la suerte de "guerra fría" que Trump instaló al interior de Estados Unidos durante su mandato. La lección de estos últimos años debiera resultar clara: conviene no dar por sentada ni la democracia, ni la vida en libertad.

Queremos reiterar aquí que es bajo la expectativa de una sociedad justa, plural, abierta y tolerante donde habrá de cifrarse el futuro de Estados Unidos y el proyecto mismo de la libertad. En términos de su contenido, esta nueva edición respeta lo publicado en 2009 también bajo la idea de preservar el testimonio de un periodo fundamental en la vida política y social del país.

Mayo, 2021

"… that this nation, under God,

shall have a new birth of freedom-

and that government of the people, by the people,

for the people, shall not perish from earth".

A. Lincoln en Gettysburg, Pennsylvania,

19 de noviembre de 1863.

Índice

Introducción, *13*

El legado
1. Una sociedad organizada en torno
al proyecto de la libertad, *23*

La crisis
1. El 11 de septiembre y lo que significó, *45*
2. La estela de Katrina. El desamparo ciudadano, *58*
3. La experiencia contemporánea de la libertad.
Lo público y el derecho, *70*

El futuro posible
1. La extensión de los derechos, *91*
2. Libertad e igualdad. La redefinición de
las tareas del Estado, *102*
3. La hora del ciudadano, *109*
4. La nueva sociedad, *114*

Consideraciones finales, *150*

Bibliografía, *157*
Sobre la autora, *160*

Introducción

El carácter histórico de la elección de Barack Obama ha sido destacado con insistencia en la medida en que se trata del primer afroamericano que accede al cargo luego de una larga historia de discriminación que se remonta, incluso, a los orígenes mismos de Estados Unidos como nación independiente. Hace tan solo poco más de cuarenta años todavía se discutía allí el alcance de los derechos civiles y políticos de las personas de color. Así que desde luego no cabe escatimar la importancia que en este sentido reviste la asunción de Obama. No obstante, al carácter histórico de esta elección pertenecen también los datos mismos de participación electoral —la mayor desde 1968—, los altos índices de votación registrados entre las minorías (afroamericana e hispana, en particular) y, sobre todo, el entusiasmo y la esperanza renovada que logró generar el movimiento social que precisamente hizo posible que Obama llegara a la Presidencia. Se trató, en muchos sentidos, de la emergencia de la ciudadanía.[1]

El nuevo gobierno representa sin duda un nuevo comienzo, una nueva posibilidad para el propio país y también para el mundo entero. Y conviene aquí destacar que para Estados Unidos esta posibilidad de un nuevo comienzo nos recuerda la capacidad de reinvención que el país ha mostrado a lo largo de su historia, particularmente bajo situaciones de crisis. Ahora bien, debemos también tener presente que, dados los tiempos que corren, este relevo presidencial no puede circunscribirse a un mero cambio de administración. Tendría que ser sobre todo un cambio de régimen y del mismo modo una profunda transformación social. El deseo de cambio que llevó a Obama a la presidencia tendría ahora que materializarse en la reorientación del sentido y objetivo de las políticas públicas. Pero para que ese cambio sea realmente efectivo

---

[1] La participación electoral registrada fue del 61.6%, dato superado en la elección presidencial de 2020.

tiene que materializarse, también, en el seno mismo de la sociedad en su conjunto.

La primera idea que dio lugar a este libro surgió en el 2005, tras el paso del huracán Katrina por la costa este de Estados Unidos. Las consecuencias del impacto sobre la ciudad de Nueva Orleáns fueron, para nosotros, un síntoma claro de que algo no andaba bien. Para decirlo rápidamente, Katrina puso al descubierto el desamparo de miles y miles de ciudadanos. A lo anterior habría que agregar la todavía frágil situación que se vive en Irak y, sobre todo, la severa crisis económica y de recesión que vive el país en este 2009, como lo muestran la intermitente caída de las bolsas, la quiebra de los bancos, las cifras históricas del desempleo, la crisis hipotecaria con sus embargos masivos y la depreciación de las casas, los salarios deprimidos, la lucha desesperada de los ciudadanos por conservar el empleo, las cuotas de las universidades que se vuelven inalcanzables, la insuficiente cobertura del sistema público de salud, etcétera.

Vivimos, como se ha señalado ya, la mayor crisis económica desde los tiempos de la Gran Depresión. Desde nuestro punto de vista, vivimos el fracaso de una forma de concebir el "desarrollo económico". Todavía más, asistimos a la crisis final de toda una forma de vida. O por lo menos así tendríamos que asumirlo ante la evidencia de los hechos: mientras día con día las cifras de la economía alimentan el pesimismo de la familia media con relación a su futuro, descubrimos también verdaderas fortunas amasadas de la noche a la mañana y desde la especulación financiera, la desigualdad social que se agudiza, la avaricia que se reconoce, se promueve y se premia socialmente, la vida ficticia a que dan lugar el crédito abierto y el culto al consumo. Así, cuando afirmamos que se trata de la "crisis final de toda una forma de vida" asumimos que la situación actual no puede explicarse a partir de unos cuantos errores en el manejo de la economía financiera de los últimos años. Tampoco puede enfrentarse tan solo a partir de unas cuantas correcciones al sistema de libre mercado que nos permitan reencontrar el camino de la ganancia. Para nosotros, las causas de esta crisis son de una naturaleza mucho más profunda y tienen que ver, incluso, con una cierta forma de concebir nuestra libertad. Vivimos una crisis que nos remite a los pilares mismos que sustentan a la sociedad actual.

Creemos entonces que para poder comprender estos tiempos necesitamos volver nuestra atención también a la sociedad misma, a las prácticas que cotidianamente configuran nuestro orden público, económico y cultural, así como nuestra manera de ser. Después de todo es la sociedad misma el elemento articulador de un país, lo que le da continuidad y le permite tanto prosperar, como estancarse e incluso retroceder, y ello más allá de los distintos gobiernos que se suceden en su administración; lo anterior es particularmente cierto en un país como Estados Unidos y su historia representa un permanente testimonio de ello. Esta perspectiva de la crisis desde el orden social constituye, nos parece, el punto de vista distintivo que orienta las reflexiones que siguen a continuación.

*

Luego del paso del huracán Katrina, lo que el mundo entonces presenció —a través de las dolorosas imágenes transmitidas en particular por la televisión— fue a miles de personas desprotegidas ante el impacto del fenómeno atmosférico, muchas de ellas incluso incapaces de reaccionar de manera adecuada para salvar su vida. Pero el mundo también presenció la reacción tardía e irresponsable del resto de la sociedad y del gobierno. Las consecuencias materiales, y sobre todo en términos de pérdidas de vidas humanas, fueron así de dimensiones impensables para Estados Unidos. Quienes seguíamos los hechos en los medios de comunicación, no podíamos sino sorprendernos de que todo ello ocurriera no en un país pobre o escasamente desarrollado, sino en el país líder en lo económico, pero también en lo científico y tecnológico. Aparecían ante nuestros ojos kilómetros y kilómetros de destrucción material, pero sobre todo miles de personas menesterosas y desplazadas que lo habían perdido todo. Y muertos, muchos muertos. Fallaron las acciones preventivas, la ayuda y la reacción fueron tardías, y la reconstrucción, como habríamos de constatarlo posteriormente, no ha sido eficaz de ninguna manera: miles continúan todavía sin hogar y sin un futuro claro.

Desde nuestra perspectiva, el hecho de que el paso de un huracán terminara por convertirse en una gran tragedia para Estados Unidos no podía sino representar el síntoma de una crisis profunda. Y no es que Estados Unidos no hubiera experimentado con anterioridad situaciones de tragedia personal y colectiva. Pero en este caso se trataba del paso pronosticado de un fenómeno atmosférico y de su seguro impacto en un país cuyo gobierno se precia de buscar asegurar condiciones de bienestar y seguridad para sus ciudadanos. Sin embargo, todo pareciera haber fallado y la destrucción (que la intensidad de Katrina de cualquier modo iba a provocar), terminó por transformarse en una gran tragedia humana que hasta hoy no ha sido aún superada. ¿Qué sucedió? ¿Cómo fue todo ello posible? Fueron algunas de las preguntas que inevitablemente nos planteamos. Fue así, insistimos, que surgió la idea de este libro: con la expresión de una crisis que por su manera de manifestarse nos parecía que valía la pena indagar; después de todo, el paso de un huracán se convertía en una gran tragedia para la primera potencia económica. Pero no solo eso: Katrina se convertía en una gran tragedia para la primera sociedad moderna organizada democráticamente y que había sido capaz de alcanzar un gran potencial humano. A primera vista, nos encontrábamos ante una crisis de carácter peculiar que, como pudimos constatar después, se trataba del tipo de crisis que por su magnitud amenaza seriamente el futuro del país.

Ahora la crisis de Estados Unidos es todavía más profunda. Se trata de una crisis que penetra en las bases mismas de la sociedad: un Estado que pareciera ajeno a la demanda ciudadana y que ha asumido la guerra como prácticamente su única tarea; una sociedad ausente de lo público y refugiada en lo privado. La crisis de hoy enfrenta y divide a la sociedad misma, mina la solidaridad y rompe así a cada momento con los ya frágiles lazos sociales. Una sociedad organizada puede tomar la iniciativa y hacer frente al poder o a los poderes —también económicos— con los instrumentos de la democracia. Una sociedad desorganizada deja a sus miembros solos, aislados, frente al poder. Se trata, en Estados Unidos, de una crisis que se manifiesta incluso en la incapacidad del gobierno para garantizar la vida de sus ciudadanos ante los fenómenos naturales. Como lo vimos con asombro a lo largo del año 2005, la estructura de poder en Estados Unidos no ha podido cumplir con la primera de las funciones que corresponde al Estado moderno: asegurar la vida de los ciudadanos.

Reflexionar en torno al presente y futuro de los Estados Unidos constituye en la actualidad un asunto de interés general. Ello no solo por la situación de primera potencia que guarda el país —con lo que esto supone para la economía mundial—, sino también, y sobre todo, por tratarse del primer proyecto político plenamente moderno y, en este caso, realizado en su vertiente liberal. Cómo ha sido posible que el primer proyecto político moderno haya llegado a tal situación de crisis constituye la pregunta que orienta el presente libro. La explicación que podamos alcanzar al respecto resultará, sin duda, aleccionadora tanto para los países democráticos como para aquellos que buscan aún organizarse en estos términos con transiciones todavía no logradas.

Cualquier reflexión sobre los Estados Unidos de hoy requiere necesariamente tomar en cuenta lo que ha sido su historia. Después de todo, el país no surgió con el 11 de septiembre del 2001, y ello conviene tenerlo muy presente. Pero además esta referencia a la historia no puede asumirse simplemente como la natural referencia que todas las sociedades tienen hacia aquellos momentos claves de su desarrollo, hacia sus principios y documentos fundacionales. En el caso de Estados Unidos, podemos encontrar esta constante de la historia como referencia normativa de su acción, de su cultura e identidad políticas. Y no solo en el discurso político: hay una experiencia histórica, por ejemplo, que se aduce en la interpretación de las leyes por parte de la Suprema Corte de Justicia. John Rawls, por su parte, argumentó en los últimos años en favor de la tradición político-democrática de ese país como defensa de una visión liberal de la justicia para las sociedades contemporáneas. Esta perspectiva histórica es otra de las características de nuestro trabajo.

Cabe hacer una precisión más en torno al punto que vista que hemos adoptado aquí para realizar nuestro análisis: hemos intentado destacar sobre todo las grandes tendencias que han marcado la historia de Estados Unidos. Es decir, el análisis que desarrollamos se basa no en el estudio puntual de un determinado momento histórico del país. Tampoco buscamos presentar una visión lineal de la historia de Estados Unidos. Se trata, más bien, de la investigación en torno a las grandes tendencias —en particular de carácter jurídico-políticas— que han determinado la forma en que Estados Unidos se ha organizado, ha enfrentado sus problemas y delineado sus posibles soluciones. La historia moderna de Francia, por ejemplo, tiene que ser evaluada desde la reivindicación de libertad, igualdad y fraternidad, así como la historia mexicana del siglo XX tiene que ser considerada desde el esfuerzo por enfrentar el problema de la pobreza y el desarrollo social y político, legado de la Constitución de 1917.

De modo semejante, en el caso de Estados Unidos nosotros a continuación ponemos especial énfasis en lo que ha sido *el proyecto de la libertad como orientación normativa general.* Ello nos ha permitido analizar el legado, la crisis y el futuro posible de la nación. Este libro, de alguna manera, busca también propiciar una suerte de ejercicio que nos permita traer nuevamente a la memoria y a la conciencia lo que han sido los principios y el aliento fundamental de la sociedad estadounidense.

Cuando los primeros colonos ingleses se acercaban a las costas de lo que posteriormente sería Estados Unidos decidieron:

solemne y mutuamente, en la presencia de Dios y del prójimo...
pactar y reunirse en un cuerpo civil político... y en virtud de ello...
promulgar, constituir y elaborar, cuando la ocasión lo requiera,
tantas leyes, ordenanzas, actos, constituciones y oficios justos y
equitativos cuantos estime necesarios la mayoría y convengan al
bienestar general de la Colonia; para todo lo cual prometemos la
debida sumisión y obediencia".[2]

Los peregrinos partieron de Inglaterra en busca de felicidad y
mayores libertades civiles y religiosas. Con el tiempo, los padres
fundadores dieron lugar a un mundo políticamente nuevo; al
primer orden democrático que conocería la época moderna.

---

[2] Extracto del Pacto del Mayflower. Citado por Hannah Arendt en *Sobre la
revolución*, Alianza Editorial, Madrid, 1988, p. 177.

El legado

1. Una sociedad organizada en torno al proyecto de la libertad

—¿*Cómo es Norteamérica?*— *le preguntó [Paine] a Franklin.*
—*Como una promesa...*
Howard Fast, *El ciudadano Tom Paine*

La historia de la fundación de Estados Unidos es, en muchos sentidos, la historia de una sociedad que en un momento dado decidió tomar el destino en sus manos, decidió llevar a cabo un proyecto político sustentado en la libertad. Con ello, dieron forma a la primera sociedad política propiamente moderna en el sentido de una sociedad producto de la voluntad humana, es decir, no impuesta o resultado de la violencia. Pero con lo anterior no nos referimos solo al proceso de independencia, sino sobre todo también a lo que vino después: el esfuerzo por construir un orden jurídico-político conforme a la libertad. Alexander Hamilton, en su defensa del proyecto constitucional, expresa de manera elocuente lo que queremos decir:

> se ha dicho con frecuencia que parece haberle sido reservado a este pueblo el decidir, con su conducta y ejemplo, la importante cuestión relativa a si las sociedades humanas son capaces o no de establecer un buen gobierno, valiéndose de la reflexión y porque opten por él, o si están por siempre destinadas a fundar en el accidente o la fuerza sus constituciones políticas.[1]

La búsqueda de libertad y de felicidad impulsó a los primeros colonos a emprender la travesía desde el Viejo Mundo. Poco más de ciento cincuenta años después, con el logro de la independencia, el problema principal consistió en establecer un nuevo orden constitucional que fundara, a su vez, la libertad, es decir, que diera lugar a una República. Se trataba del proyecto de

---

[1] A. Hamilton, J. Jay, J. Madison, *El federalista*, FCE, México, 1994, p. 3.

todo un pueblo de fundar un cuerpo político nuevo, un orden político para la libertad, en un mundo nuevo.

En torno a este proyecto de fundación de un orden para la libertad en Estados Unidos contamos no solo con los testimonios referentes a los inicios de estos esfuerzos. Contamos también, como se sabe, con el invaluable estudio de Alexis de Tocqueville (*La democracia en América*) en el que recogió los logros de la ya entonces sociedad democrática en marcha. Lo que para Alexis de Tocqueville era un viaje con el objetivo de conocer el sistema penitenciario de Estados Unidos se convirtió en la experiencia inigualable de un mundo social y político nuevo. En su conocida obra, Tocqueville logra sin duda transmitirnos dicho entusiasmo y las expectativas que se abrían así para el resto del mundo.

En el contexto de nuestra reflexión, conviene destacar aquí como aspecto central de su testimonio el carácter rector del principio de "soberanía popular" que encontró en todo el sistema político norteamericano. Se trataba, entonces, de la realización de una forma de gobierno novedosa y, para Tocqueville, contrastante con las formas de gobierno de rasgos aristocráticos aún presentes en Europa:

> En nuestros días, el principio de la soberanía del pueblo ha tomado en Estados Unidos todos los desarrollos prácticos que la imaginación puede concebir. Se halla desligado de todas las ficciones de que se ha tenido buen cuidado de rodearlo en todas partes. Se le ve revestirse sucesivamente de todas las formas, según la necesidad de los casos. Unas veces el pueblo en masa hace las leyes como en Atenas; otras los diputados elegidos por el voto universal lo representan y actúan en su nombre bajo su vigilancia casi inmediata... La sociedad obra allí por sí misma y sobre sí misma. No existe poder sino dentro de su seno.[2]

Una primera manera en que dicho principio se manifiesta es en la organización de la vida pública desde la comuna o

---

[2] Alexis de Tocqueville, *La democracia en América*, 2ª. ed., FCE, México, 1994, pp. 75-76.

municipio; es decir, desde el espacio de gobierno más cercano a los habitantes de un territorio: "la vida política ha nacido en el seno mismo de las comunas".[3]

Tocqueville encontró en Estados Unidos una sociedad de ciudadanos, no de súbditos: una sociedad de ciudadanos activamente comprometidos con la vida pública. Encontró, también, el imperio de la ley, un Poder Judicial como guardián de la Constitución, la identificación del ciudadano con su patria, el impulso de la iniciativa individual y, al mismo tiempo, la acción conjunta de fuerzas individuales y sociales. Él, no obstante, da cuenta también de elementos propios de una sociedad de propietarios: es en Estados Unidos, afirma, donde el amor al dinero tiene el más amplio lugar en el corazón de los hombres. La legislación en ese país, señala unas páginas más adelante, atiende sobre todo al interés particular.

En su viaje por Estados Unidos, Tocqueville se encontró con una sociedad vital y participativa. Estados Unidos no solo había conseguido organizar un complejo sistema legal e institucional de protección e impulso a las libertades sino que, por su experiencia heredada de la propia Inglaterra, compartían importantes prácticas democráticas. Por ejemplo, el de la asociación civil y política. Para Tocqueville, estas formas de asociación constituían un elemento crucial para contener la tiranía del poder en la medida en que este no podía actuar entonces por sí solo y era constantemente vigilado. Se trataba, además, de una disposición ciudadana a organizarse más allá del poder, es decir, con propósitos no políticos pero a partir de fines compartidos de carácter social e incluso intelectual, por ejemplo. Así, las asociaciones contribuían también a la interacción de los seres humanos entre sí y, por tanto, a la civilización. Por estas razones, ya en *La democracia en América* se asume al "arte de asociarse" como esencial para sostener el orden democrático.

---

[3] *Ibid.*, p. 82.

Tocqueville, en suma, encontró una sociedad con una forma de vida democrática. Ahora bien, el francés no únicamente nos legó el retrato de un país democrático, sino que con su experiencia descubrió también los presupuestos que hacían posible la buena marcha de esa sociedad. Tocqueville, en efecto, encontró en Estados Unidos una "igualdad de condiciones" como el "hecho generador del que cada hecho particular parecía derivarse".[4] Los colonos que se establecieron en la importante región de Nueva Inglaterra[5] compartían una lengua y un origen común pero, además, compartían una situación acomodada que habían dejado en su país para asentarse en una nueva sociedad en la que no se encontraban ni pobres ni ricos. Eran, también, una población educada, de religión puritana y con una experiencia política en el cumplimiento de prácticamente las mismas leyes.

Para Tocqueville, el carácter de la población angloamericana es el resultado de dos elementos que allí lograron conjuntarse: el *"espíritu de religión* y el *espíritu de libertad"*.[6] La ley política en América, nos dice, es expresión del estado social de igualdad de condiciones. Pero esta igualdad de condiciones —conviene tenerlo presente— no se explica únicamente por el origen común de los colonos ingleses, sino que es también efecto mismo de las leyes entonces vigentes, como la ley de sucesión que terminaba por ser una fuente de distribución de la propiedad. Así, puede decirse que Tocqueville presenció en Estados Unidos la interacción virtuosa entre sistema político y sociedad. Encontró, allí, un estado social que propició el surgimiento de instituciones democráticas para la libertad y, al mismo tiempo, la vitalidad ciudadana que surge a partir del impulso de esa convivencia política en términos democráticos.

---

[4] *Ibid.*, p. 31.

[5] Los estados del Este del Hudson: Connecticut, Rhode Island, Massachusetts, Vermont, New Hampshire y Maine. En esta zona se combinaron los principios básicos que pronto se extendieron y dieron forma a las bases organizativas de los Estados Unidos. *Ibid.*, p. 56.

[6] *Ibid.*, p. 64.

La experiencia europea de Tocqueville de sociedades monáquicas con la persistencia de rasgos fuertemente aristocráticos, lo llevó a destacar el nuevo orden político y social que suponía la igualdad de condiciones. Con el desarrollo de las sociedades modernas, lo que conviene destacar hoy en día a partir de su testimonio es la importancia que tiene el aspecto social y cultural en el sostenimiento del orden democrático. Ni la ley, ni las instituciones pueden reemplazar —advertía ya Tocqueville— a las costumbres. Y cuando la base social y cultural democrática se erosiona, el orden político no puede sino quedar sujeto a la arbitrariedad de los poderes fácticos capaces de irse imponiendo al conjunto de la sociedad. Este es un riesgo que se ha vuelto particularmente importante con el grado de complejidad que han alcanzado las sociedades modernas en términos de su crecimiento demográfico, el incremento de sus necesidades y la pluralidad de formas de vida que allí conviven, por señalar los problemas más acuciantes. Pero es también un riesgo potencial que encuentra hoy condiciones propicias con la preeminencia que ha alcanzado en las sociedades contemporáneas la esfera de lo económico. Quizás la cuestión al respecto es si tendremos que conformarnos con esta preeminencia de lo económico dadas las necesidades sociales actuales o si, por el contrario, seremos capaces de repensar el desarrollo económico. Esta es también desde luego una disyuntiva para Estados Unidos.

*

Si en algún lugar del continente arraigó la idea de lo "nuevo", del "Nuevo Mundo", fue precisamente en los Estados Unidos. Ello ha significado que la posibilidad de un nuevo comienzo, la capacidad de renovación, ha sido puesta en práctica por la sociedad una, y otra, y otra vez. Es como si el arrojo de los peregrinos que los llevó a una tierra lejana, desconocida y promisoria, hubiera dejado como lección la posibilidad siempre de empezar de nuevo, sin lastre alguno y empeñándose más bien en la tarea de alcanzar el porvenir. Es este el significado y sentido de la idea de "*América*", también de uso generalizado en los Estados Unidos —incluso hoy en día.

La nueva sociedad democrática era una sociedad abierta y con perspectiva de futuro. Se trataba de un proyecto en construcción, con un amplio territorio para extenderse y con un impulso moral de carácter universal: "Sostenemos estas verdades como autoevidentes, que todos los hombres han sido creados iguales, que han sido dotados por su Creador de ciertos derechos inalienables", se consigna al inicio de la Declaración de Independencia. Tenían, desde luego, muchos y muy graves problemas pendientes, como el de la esclavitud y aquellos otros que se derivan de la definición de una sociedad como sociedad de propietarios, pero contaban con las herramientas para enfrentarlos: un orden constitucional resultado del consenso y un espíritu de impulso a la libertad. Y, en efecto, otro aspecto que conviene destacar sobre la fundación y desarrollo de Estados Unidos se refiere, precisamente, a su Constitución, al proceso de promulgación que le dio origen, a su sentido y a lo que podríamos llamar su "estabilidad".

Es importante señalar que la desatención de la corona inglesa respecto de sus colonias a lo largo del siglo XVII contribuyó también, en gran medida, a impulsar su organización política autónoma. Así, cuando en 1776 la independencia fue alcanzada, dichas colonias contaban ya con constituciones propias y poderes legislativos locales, en suma, contaban ya con una activa vida pública local. Posteriormente, en 1781 fueron ratificados los "Artículos de la Confederación" y el 17 de septiembre de 1787 fue aprobado el texto constitucional por la convención. Al respecto, Hannah Arendt ha destacado que buena parte del éxito de la revolución americana se debió a que a la insurrección armada y la Declaración de Independencia siguió una "pasión espontánea de constitucionalismo en las trece colonias". De esta manera, solo un compás de espera, no una brecha ni un vacío, ocurrió entre la guerra de liberación y la constitución de los nuevos estados.[7]

Este afán por la organización jurídico-política, por empeñarse en dar lugar a una forma de gobierno adecuada a la libertad, puede explicarse —señala más adelante Arendt— porque los colonos habían descubierto ya el potencial de los pactos y las promesas, en otras palabras, habían descubierto ya el poder que se origina cuando los seres humanos actúan en común. Para cuando la independencia fue posible, los colonos contaban con ciento cincuenta años de pactos tras ellos y habían nacido

> en un país estructurado de arriba abajo —desde las provincias o estados hasta las ciudades, distritos, villas y condados— en corporaciones debidamente constituidas, cada una de las cuales formaba en sí misma una comunidad, con representantes "elegidos libremente por el consentimiento de amigos y vecinos amistoso", cada una de ellas, además, concebida "para la multiplicación" en cuanto descansaba sobre las promesas mutuas de hombres que habían "convivido", los cuales, cuando "se congregaron para constituir un Estado público o comunidad", habían hecho planes no sólo para sus "sucesores", sino también para "todos los que puedan unírseles en el futuro", estos hombres que, debido a la fuerza ininterrumpida de su tradición, "dieron su último adiós a Britania", sabían cuáles eran sus posibilidades desde el comienzo; conocían el enorme potencial que puede reunirse cuando los hombres "mutuamente se hacen promesa de [sus] vidas, [sus] fortunas y [su] honor".[8]

Esta experiencia se remontaba, para Arendt, hasta el momento mismo del Pacto de Mayflower y la revolución, en realidad, solo se encargó de liberar los antiguos cuerpos —civiles y políticos— constituidos a lo largo y ancho de la colonia.

El proceso constituyente supuso la elección de delegados estatales para una convención especial cuya tarea específica fue la

---

[7] H. Arendt, *Sobre la revolución*, Alianza Editorial, Madrid, 1988, p. 142.
[8] *Ibid.*, pp. 180-181.

de analizar y en su caso aprobar el proyecto presentado. Con lo anterior, se buscaba no solo el acuerdo de los distintos estados para ligarse en una Unión bajo un poder común, sino también dar expresión a la voluntad libre del pueblo. De aquí la importante frase con la que se abre el texto constitucional:

> *Nosotros, el pueblo de los Estados Unidos*, a fin de formar una Unión más perfecta, establecer la Justicia, afianzar la Tranquilidad interior, proveer a la Defensa común, promover el Bienestar general y asegurar para nosotros mismos y para nuestros descendientes los beneficios de la Libertad, estatuimos y sancionamos esta CONSTITUCIÓN para los Estados Unidos de América.[9]

A este esfuerzo por dar expresión a la voluntad libre del pueblo contribuyó también la publicidad de que gozó el proceso mismo de ratificación. De acuerdo con Paul Johnson, se trató del debate público hasta ese momento más importante de la historia: "Tuvo lugar en las plazas públicas, en reuniones locales, en las calles de los pueblos pequeños y las grandes ciudades, en las regiones remotas de los Apalaches, en los bosques y los rincones más apartados del país. Sobre todo tuvo lugar en la prensa".[10] *El federalista*, que recoge este debate y llega hasta nuestros días como testimonio invaluable de dicho proceso público, se integró a partir de una serie de artículos periodísticos publicados por algunos de los más importantes autores de la Constitución como Hamilton, James Madison y John Jay. De manera significativa, los artículos iban dirigidos al "Pueblo del Estado de Nueva York" y estaban firmados por "Publio". Representaban una defensa de la Constitución, de un gobierno común bajo los términos de una "Unión" frente a quienes privilegiaban el poder de los estados.

Como Arendt destacó también de manera adecuada, otro aspecto fundamental en el proceso organizativo de los Estados

---

[9] *El federalista*, p. 388 (ed. cit.). Las cursivas son nuestras.
[10] Paul Johnson, *Estados Unidos: la historia*, Javier Vergara Editor, Barcelona, 2001, p. 188.

Unidos fue que los constituyentes se identificaran con el principio de que "el pueblo debía dotar al gobierno de una Constitución y no a la inversa". Thomas Paine en particular, en su *Rights of Man*, sostuvo que una constitución no es el acto de un gobierno, "sino de un pueblo que constituye un gobierno". Lo anterior explica el esfuerzo de los padres fundadores por defender el proyecto elaborado, debatirlo y someterlo a consenso público. *El federalista* es —se ha dicho— la primera gran obra de teoría política norteamericana. Pero es además un instrumento de interpretación de la propia Constitución y también, finalmente, un modelo vigente de debate público constitucional para sociedades con niveles cada vez más altos de educación y que demandan mayores espacios de participación pública, una forma útil de legitimar cualquier proceso de reforma constitucional.

La nueva Constitución contaba con tan solo siete artículos y, posteriormente, diez enmiendas que en 1791 consagraron la Carta de Derechos (*Bill of Rights*). Con relación a sus contenidos, la Constitución consagraba la soberanía popular (*We the people...*) y daba lugar a un gobierno republicano, representativo y con división de poderes. Para los padres fundadores y la nueva sociedad democrática, estas características no podían dejar de ser contrastadas con la realidad política inglesa de una monarquía "parlamentaria", pero monarquía al fin. En este sentido, en *El federalista* encontramos también un testimonio de la conciencia que tenían en torno a las virtudes que suponía el proyecto constitucional con respecto a la tradición anglosajona que le dio origen y a los gobiernos entonces existentes en el mundo. Los padres fundadores, como hemos dicho, tenían conciencia de la relevancia que para el mundo de entonces tenía su proyecto de una sociedad política libre. Así lo muestra la expresión de Hamilton al inicio del documento,[11] pero en el mismo sentido se expresaría el presidente Washington en 1789 al afirmar que la preservación de la libertad y el destino del gobierno republicano

---

[11] *Cfr.*, *supra*, nota 1.

se jugaban en el experimento puesto en las manos del pueblo americano. Él mismo iba a encabezar una empresa que, de ser exitosa, probaría al mundo entero (y quedaría para el futuro), la falsedad de la afirmación de que los hombres eran incapaces de gobernarse a sí mismos y necesitaban, por tanto, un amo.[12] Posteriormente, personalidades destacadas como Longfellow y Lincoln habrían de pronunciarse también en torno a la relevancia del proyecto de sociedad americana. Puede decirse que, de alguna manera, Estados Unidos ha tenido conciencia de la envergadura de su proyecto para la época moderna.

A lo largo del desarrollo de Estados Unidos como nación, una suerte de estabilidad constitucional ha prevalecido en el país en la medida en que se ha mantenido el texto original y el espíritu de libertad que lo orienta. Ante distintos problemas que han enfrentado históricamente, como el de la esclavitud (lo veremos más adelante), las enmiendas añadidas se han encargado de tratar de especificar la promesa original de libertad e igualdad entre los hombres. La enmienda XV de 1870, por ejemplo, hizo posible el voto de la población afroamericana y de quienes habían sido esclavos. La XIX consagró en 1920 el derecho al voto de las mujeres. La XXII en 1951 limitó las posibilidades de reelección del presidente a un periodo constitucional más y, para terminar con los ejemplos, la enmienda XXVI estableció en 1971 el derecho a votar a quienes tienen dieciocho años o más. En buena medida, estas enmiendas han promovido cambios democráticos y en favor de los derechos políticos.

La conciencia de la libertad que dio lugar a la independencia hizo posible un orden constitucional en el que las libertades individuales encontraron un impulso. Quizás el mayor impulso que cualquier sociedad les podía haber dado. En los primeros años de vida independiente, el propio presidente Washington consideraba que dada la riqueza de los recursos del país, solo era

---

[12] J. T. Flexner, *Washington. The indispensable man*, Mentor Books, Chicago, 1979, pp. 215-216.

necesario remover los obstáculos que impedían la libre iniciativa: la prosperidad sería el "fruto natural del buen gobierno".[13] Se organizaron como una República, es decir, su decisión en torno a la organización política fue en favor de un gobierno de las leyes y no de los hombres, mientras que la metrópoli y buena parte del mundo vivían bajo las condiciones de la monarquía constitucional. Con el tiempo, quienes habían sido súbditos del rey habrían también de prescindir de las pelucas empolvadas. Anarquía y tiranía fueron los principales riesgos que tuvo que sortear este primer proyecto moderno de la libertad. Después vendrían el esclavismo, la ampliación de los derechos civiles e, incluso, la pobreza. Puede decirse entonces que si bien el nacimiento de la República en este caso fue consecuencia de un "acto deliberado: la fundación de la libertad",[14] lo cierto también es que este proyecto de fundación de la libertad ha buscado ser preservado e impulsado a lo largo de la historia de Estados Unidos. De alguna manera puede afirmarse incluso que la principal preocupación de los padres fundadores fue asegurar el ejercicio de las libertades más que organizar una nación homogénea. Ello explica, por ejemplo, que luego de la independencia no se consignara un idioma oficial para el nuevo país y terminara por aceptarse más bien una suerte de identidad nacional abierta, basada en principios como el respeto a la ley y la libertad individual, lo que a su vez habría de ser clave para permitir la inmigración.

Una característica en la que conviene insistir con relación a la historia política de Estados Unidos se refiere a su capacidad para encontrar en el orden legal los instrumentos necesarios para afrontar los nuevos retos. En este sentido, Estados Unidos no solo logró organizar un régimen jurídico de instituciones y reglas comunes para dirimir conflictos, sino que la estabilidad de este orden pudo generar también una convivencia con base en los derechos humanos y la confianza mutua. Pudo constituirse así un

---

[13] *Ibid.*, p. 203.
[14] H. Arendt, *op. cit.*, p. 223.

orden jurídico que no solo se manifiesta de manera extraordinaria y ante conflictos graves, que no solo se encarga de establecer límites estrictos al ejercicio del poder, sino que incluso penetra socialmente promoviendo el respeto entre los ciudadanos. También a esto nos referimos cuando señalamos que Estados Unidos logró constituirse como una sociedad democrática: a una ciudadanía que ha logrado interiorizar un orden legal público; a una sociedad cuya convivencia cotidiana está permeada por los derechos humanos y el imperio de la ley.

Para las sociedades modernas, configuradas conforme al principio de la libertad, esta estabilidad constitucional resulta importante en la medida en que consolida un marco legal común de referencia que puede entonces arraigarse en el seno mismo de la sociedad, en sus prácticas incluso cotidianas. Los ciudadanos pueden contar así con las seguridades de un Estado de derecho y con el impulso que supone una sociedad ordenada legalmente. Otros países, como Francia por ejemplo, han experimentado con 15 constituciones en casi 180 años (de 1789 a 1970).[15] Y otras sociedades más han dado lugar a textos constitucionales de contenidos radicalmente distintos en periodos de tiempo relativamente cortos. No ha sido este el caso de Estados Unidos.

Después de la independencia, y con el paso de los años, terminó por forjarse lo que el mundo conocería como el carácter específicamente norteamericano: la idea del esfuerzo individual que merece ser recompensado (*self-made man*), el empeño en el trabajo, la búsqueda denodada del desarrollo económico y el progreso, el espíritu empresarial, el optimismo frente al futuro e, incluso, la realización de las grandes hazañas como la investigación espacial y la construcción de rascacielos desafiando la ingeniería, como buscando alcanzar el cielo.

---

[15] Jacques Godechot (pres.), *Les constitutions de La France depuis 1789*, Garnier-Flammarion, Paris, 1970.

Si tratamos de reconocer los frutos del ideal democrático que ha impulsado a la sociedad estadounidense a lo largo de la historia, podemos reconocer varios momentos importantes. Por ejemplo, la abolición de la esclavitud en el siglo XIX y la ampliación de las libertades individuales en el país. Pero también el proyecto del *New Deal* en el siglo XX y por el cual, tomando como punto de partida nuevamente el orden legal vigente y su orientación normativa, el Estado asumía un papel activo en la economía corrigiendo los excesos del capitalismo y promoviendo la equidad y la justicia social. Así, después del importante desarrollo económico que llevó a Estados Unidos a convertirse en potencia mundial ya desde finales del siglo XIX, fue posible la organización de un Estado de bienestar que buscaba enfrentar la pobreza de grandes masas de la población luego de la Gran Depresión de 1929.

Por lo que se refiere al lugar de Estados Unidos a nivel internacional —algo particularmente importante a lo largo del siglo XX—, debe reconocerse allí su papel en la liberación de Europa del fascismo y su impulso a la reconstrucción luego de la Segunda Guerra Mundial. Hace unos años, en 1995, el intelectual italiano Umberto Eco rememoraba en la Universidad de Columbia su experiencia de los últimos días del fascismo. Siendo él entonces un niño, la caída del fascismo y el arresto de Mussolini le descubrieron un mundo totalmente distinto: de la noche a la mañana se derrumbaba ante sus ojos el mundo de la política monopolizada por el partido único y descubría no solo el pluripartidismo que había sido sofocado, sino sobre todo el regreso de la libertad, de la libertad de palabra, de prensa, de asociación política. "Estas palabras, 'libertad', 'dictadura' —Dios mío— era la primera vez en mi vida que las leía", comentaba Eco al recordar sus impresiones ante la lectura del periódico del 27 de julio de 1943. Por estas palabras, continuaba, "yo había renacido hombre libre occidental". El testimonio de Eco buscaba alentar en su audiencia la defensa permanente de la libertad y en él evocaba también a un afroamericano culto como su "primera imagen de los liberadores norteamericanos, después de tantos rostros pálidos con camisa negra…".[16]

Con la Segunda Guerra Mundial, Estados Unidos mostró un compromiso amplio y generoso con la libertad. Como acabamos de señalar, contribuyeron militarmente a liberar a los países europeos bajo la dictadura fascista. También, idearon e implementaron el llamado Plan Marshall que impulsó la reconstrucción de países como Alemania, Italia y Francia. Primero F. D. Roosevelt, y posteriormente Harry S. Truman, contribuyeron además al nacimiento de la Organización de las Naciones Unidas (ONU) buscando reestablecer condiciones de legalidad y cooperación entre los países del mundo luego de tan traumática experiencia. El 25 de abril de 1945, el presidente Truman inauguraba en San Francisco un encuentro internacional al que asistieron 1 200 delegados de 46 naciones. De su discurso cabe destacar lo siguiente: "Los miembros de esta conferencia han de ser los arquitectos de un mundo mejor. En vuestras manos descansa nuestro futuro. Por vuestros trabajos en esta conferencia sabremos si la humanidad que sufre habrá de lograr una paz justa y perdurable. Trabajemos para lograr una paz que sea en verdad digna de los grandes sacrificios".[17] La ONU finalmente adquirió existencia oficial el 24 de octubre de 1945 y entre sus principios básicos se consignó la igualdad soberana de todos sus miembros, así como el compromiso entre los mismos de resolver las controversias internacionales de manera pacífica y sin poner en peligro la paz, la seguridad o la justicia, y el de abstenerse de recurrir a la amenaza o al uso de la fuerza contra otros Estados.

---

[16] Umberto Eco, "El fascismo eterno", en *Cinco escritos morales*, Editorial Lumen, Barcelona, 2000, pp. 31-58.

[17] "La Organización de las Naciones Unidas", en *Historia Universal*, Espasa Calpe, España, 2002, p. 1223.

Ahora bien, Estados Unidos representó también el país de acogida de miles de europeos perseguidos, en particular de intelectuales, escritores y artistas. Como Theodor W. Adorno, quien luego de sus años de exilio afirmaría que Estados Unidos ofrecía "el amparo... lejos del fuego". A ese país le debe, dijo también, "la salvación de la persecución por el nacionalsocialismo, lo que constituye una deuda que nunca he dejado de recordar" y encontró allí "un potencial humano real, como difícilmente puede hallarse en Europa".[18] Adorno fue declarado ciudadano estadounidense en el año de 1943. La misma Escuela de Frankfurt, encabezada por él y por Max Horkheimer, encontró acogida y promoción —incluso financiera— en Estados Unidos, quienes también apoyaron su reinstalación en la Alemania de la posguerra contribuyendo así a la preservación de una importante tradición de pensamiento del siglo XX. Thomas y Henrich Mann, Fritz Lang, Hannah Arendt, Bertold Brecht, Arnold Schönberg, Igor Stravinski, Fred Pollock, Hermann Broch y Felix Weil, son otras de las personalidades destacadas que lograron refugiarse en el país y encontrar allí condiciones propicias para su desarrollo artístico e intelectual.

Debemos señalar aquí, no obstante, que la Segunda Guerra Mundial concluyó con lo que podríamos definir como una dolorosa demostración de fuerza: cuando el conflicto parecía llegar a su fin y, tal y como se ha estudiado, el frente japonés pronto rendiría las armas, dos bombas atómicas fueron lanzadas contra las ciudades de Hiroshima y Nagasaki en agosto de 1945. El saldo inmediato fue de entre 70 mil y 80 mil muertos, un número similar de heridos y 81% de los edificios de la primera ciudad —Hiroshima— destruidos, mientras que en Nagasaki la

---

[18] Claus Offe, *Autorretrato a distancia. Tocqueville, Weber y Adorno en los Estados Unidos de América*, Katz Editores, Buenos Aires, 2006, pp. 103 y 110.

bomba ocasionó por lo menos 35 mil muertes.[19] Las consecuencias de ambas explosiones, lo sabemos nosotros, marcaron también la vida de otros miles con el desarrollo de enfermedades de extrema gravedad. A la humanidad entera, además, le mostraron el rostro terrible que pueden tener la ciencia y el desarrollo económico cuando estos, lejos de servir al bienestar humano, se persiguen como fin en sí y más allá de los límites que debe marcar la racionalidad moral. Con el fin de la Segunda Guerra Mundial y la posterior carrera armamentista, Estados Unidos dejaba atrás su tradicional neutralidad y aislacionismo, se sentaban las bases para la Guerra fría y, como veremos, lo que puede considerarse como una nueva "fase" en el proyecto de la libertad.

*

Podemos señalar otros aspectos que constituyen manifestaciones de la vitalidad de una sociedad que encuentra en las estructuras jurídico-políticas de su país el impulso necesario para su desarrollo. Nos referimos, por ejemplo, a su protagonismo en los deportes, la ciencia y la educación. Un informe publicado en el año 2006 concluye que de entre las veinte universidades más destacadas del mundo, diecisiete son de los Estados Unidos. Por el mismo estudio es posible reconocer que este logro debe atribuirse al esfuerzo conjunto que las esferas pública y privada han hecho por impulsar la educación.[20] Solo de entre la comunidad del Massachusetts Institute of Technology (MIT) (profesorado, investigadores, alumnos y empleados) podemos contar 61 premios Nóbel hasta el año 2005: 26 en física, 12 en

---

[19] Thomas G. Paterson, "The origins of the postwar international system", en *Major problems in American history since 1945. Documents and essays*, Robert Griffith (ed.), D. C. Heath and company, Lexington, 1992, p. 9.
[20] Informe Pisa, *El País*, 14 de marzo de 2006, p. 27.

química, 13 en economía, 8 en medicina y fisiología y 2 en el rubro de la paz. En particular, Estados Unidos ha sido uno de los principales promotores del avance tecnológico que caracteriza a la cultura científica de nuestro tiempo. Uno de sus últimos desarrollos al respecto es la sonda "Impacto Profundo".

En efecto, en la madrugada del lunes 4 de julio del 2005, el proyectil de la nave "Impacto Profundo 1" (*Deep Impact* 1) dio en el blanco: el cometa "Tempel 1" a 134 millones de kilómetros de la Tierra. Las comunicaciones que hoy privan en la sociedad global nos permitieron acceder prácticamente de manera inmediata a las imágenes tomadas tanto por el proyectil, como por la nave misma que registró el impacto y sus consecuencias sobre el cometa. Los datos de estas imágenes habrán de servir para avanzar en el estudio de los orígenes del sistema solar y la formación de las condiciones necesarias para el desarrollo de la vida. Hace aproximadamente 4 500 millones de años una nube gigante de gas y polvo se colapsó para crear el sistema solar. Los cometas se formaron entonces, con lo que resultan una forma de testimonio de nuestros orígenes más remotos.

Esta misión representa un hito en la historia espacial: es la primera vez que se intenta un impacto deliberado contra otro cuerpo del sistema solar. Pero podemos decir algo más: es la primera vez que el ser humano interviene en el curso natural del sistema solar que, hasta ahora y a pesar de sus múltiples transformaciones, sigue haciendo posible la existencia humana. De modo que el éxito de la misión supone sin duda un paso significativo en la ciencia y tecnología contemporáneas. La información a analizarse durante los próximos años será fundamental para explicar nuestros orígenes, más allá incluso de los inicios de la vida inteligente. Pero ya la planeación, ejecución y resultados de este evento han causado un impacto profundo no solo en los especialistas, sino en la sociedad en general.[21]

---

[21] La apertura a la inmigración ha sido (y será), sin duda, un factor fundamental para el protagonismo de Estados Unidos en ciencia y tecnología.

*

En 1963, Gabriel Almond y Sidney Verba publicaron un estudio analítico sobre el estado que entonces guardaba la cultura política de la democracia —sus estructuras sociales y los procesos que la sustentan. Con este propósito levantaron una serie de encuestas en cinco países, uno de ellos Estados Unidos.[22] Las conclusiones que allí consignaron son hoy en día sumamente aleccionadoras. Almond y Verba, por ejemplo, encontraron en el país un alto porcentaje de ciudadanos que se manifestaron orgullosos de su gobierno y sus instituciones políticas: 85%. De acuerdo también con los resultados del estudio, 76% de quienes creen que el gobierno nacional tiene un impacto en su vida diaria (85% respondió que el gobierno tenía gran o algún efecto), señalaron que este impacto era para mejorar sus condiciones de vida. Asimismo, 83% declaró que esperaba un trato igualitario de la burocracia ante una determinada situación, y 85% lo hizo con respecto a la policía; mientras que 80% de los encuestados dijo seguir regularmente, o de cuando en cuando, los asuntos políticos.

Albert Einstein, por ejemplo, pasó el último tramo de su vida en ese país, del que recibió además la ciudadanía, y entre los Nóbel del MIT se encuentra el científico mexicano Mario Molina. Por otra parte, estos datos son también significativos: en el 2008, estudiantes extranjeros e inmigrantes representaban 50% de los científicos investigadores del país y en el 2006 ellos lograron 40% de los doctorados en ciencia e ingeniería, así como 65% de los otorgados en ciencias de la computación. Para el 2010, estudiantes extranjeros obtendrán más del 50% de los grados de doctor en cada disciplina de Estados Unidos; en ciencias esta cifra será cercana al 75%. La mitad de las empresas de nueva creación (*start-ups*) del Silicon Valley tienen un fundador que es inmigrante o americano de primera generación. Fareed Zakaria, "The future of american power", en *Foreign Affairs*, vol. 87, núm. 3, mayo-jun 2008, USA, p. 35.

[22] Los otros países incluidos en el estudio son Gran Bretaña, Alemania, Italia y México.

40

Otro dato importante para nuestro análisis se refiere al alto sentido de competencia cívica que Almond y Verba encontraron en Estados Unidos entonces. En efecto, 77% afirmó pensar que podían hacer algo en caso de que se presentara una regulación local injusta. Con relación a una regulación injusta de carácter nacional, 75% consideró poder hacer algo. Además, en el caso de una posible influencia en el gobierno local, 56% señaló la idea de organizar un grupo informal —no político— para así enfrentar una medida injusta. Este alto sentido de competencia cívica a nivel local nos remite, desde luego, a la amplia participación en política que a nivel de comuna o municipio daba cuenta ya, como vimos, Tocqueville. Estos resultados se centran en la percepción que los encuestados tienen de su papel como ciudadanos y sujetos del orden político. Pero de ellos es posible derivar además una cierta concepción del poder político que se tenía en Estados Unidos a inicios de la década de los sesenta: se trataba de un gobierno sustentado en el consenso que delega el poder a sus autoridades; de un poder, por tanto, emanado de la ciudadanía, que mantiene intacta su convicción en torno a la soberanía popular y, con ello, su derecho a participar en la configuración y toma de decisiones que ordenan su vida en común.

Ahora bien, Almond y Verba dan un paso más allá en su estudio sobre los aspectos políticos de la cultura democrática para adentrarse en un terreno que, desde nuestra perspectiva, es hoy en día fundamental para la viabilidad de la democracia: el ámbito —más amplio— de las relaciones sociales que subyacen al orden político. De aquí la idea de una "cultura cívica" que no se limita a los aspectos ciudadanos y de participación política en el orden público, sino que abarca también aspectos de carácter social, así como el papel de "sujeto" del sistema administrativo. En este aspecto la investigación arroja en Estados Unidos altos índices de confianza entre los ciudadanos. El 59%, además, responde valorar sobre todo las virtudes sociales de generosidad y consideración, siendo esta una apreciación clave cuando se trata de tomar la iniciativa para formar grupos políticos. Entre quienes afirmaron tener "fe" en las personas, 80% señaló que trataría de formar algún grupo para influir en el gobierno local. Para Almond y Verba, esta confianza social en general se traduce en una confianza políticamente relevante.[23] Por último, 57% de los encuestados señaló pertenecer a alguna asociación voluntaria, sobre todo de carácter social, religiosa, fraternal, cívico-política y sindical.[24] Estados Unidos, de acuerdo con este estudio, representa el modelo más cercano a una cultura cívica propiamente democrática, es decir, a la existencia de una ciudadanía. En definitiva, lo que al inicio de los años sesenta encontraron Almond y Verba fue un país cohesionado política y socialmente.

---

[23] Gabriel Almond y Sydney Verba, *The civic culture. Political attitudes and democracy in five nations*, Little, Brown and Company, Boston, 1965, p. 228.
[24] *Ibid.*, p. 247.

La crisis

El siglo XX se cerraba para Estados Unidos con estabilidad interna. En el contexto de un siglo violento no habían experimentado en terreno propio —al contrario de lo que había sucedido en buena parte del mundo— el fascismo, la dictadura o algún golpe de Estado. Y habían logrado enfrentar con cierto éxito las crisis que habían sufrido. Con la caída del Muro de Berlín en 1989, además, parecía que Estados Unidos había ganado la batalla política e ideológica, con lo que su innegable (y, como veremos, controvertido) protagonismo en la política internacional volvía a ponerlos ahora como referencia para el mundo por su organización jurídico-política en torno a la democracia y los derechos individuales. Pero esta situación cambiaría prácticamente con el inicio del nuevo siglo.

1. El 11 de septiembre y lo que significó

> *That war, the Great war, the war that would end all war, squatted over my childhood. The trenches were as present to me as anything I actually saw around me. And here I still am, trying to get out from under that monstrous legacy, trying to get free.*
> Doris Lessing, *Alfred & Emily*

El 11 de septiembre de 2001, dos aviones secuestrados por un grupo terrorista derribaron las Torres Gemelas del World Trade Center de Nueva York. Esa mañana, los medios de comunicación informaron primero del impacto de un avión en la torre norte. La reacción natural hacía suponer que se trataba de un accidente. Sin embargo, la cobertura televisiva continuó de tal manera que el país y el mundo presenciaron en directo, casi veinte minutos más tarde, un segundo impacto en este caso en la torre sur. Poco tiempo después, ambas torres se derrumbaron. Resultaba claro ya para entonces que no podía tratarse de un accidente, sino de una acción concertada. Cientos de policías, bomberos y voluntarios se aprestaron de inmediato a las labores de rescate, muchos de ellos sin la protección necesaria y quedando así expuestos a elementos tóxicos y contaminantes. El saldo inmediato de víctimas fue cercano a las tres mil (2 973), contando entre ellas también a policías, bomberos y voluntarios que se introdujeron en las torres tan solo para perecer debajo de toneladas de escombro.

Cuando aún las torres no terminaban de derrumbarse y la confusión reinaba en la zona, de la misma manera que en Washington y Filadelfia donde cayeron otros dos aviones secuestrados, el centro de la ciudad de Los Ángeles, California, en el extremo suroeste de Estados Unidos, era desalojado y las escenas que podían verse eran de personas llenas de pánico abandonando rápidamente los edificios y el transporte público, al tiempo que las autopistas se colapsaban con quienes buscaban huir a toda costa. Un día antes, las mismas calles del centro de Los Ángeles podían recorrerse y lo que privaba era la indiferencia entre personas que se cruzan por unos segundos en su camino al trabajo o a la escuela. El 11 de septiembre del 2001 por la mañana, ese centro se llenaba de policías con miradas inquisitivas. Los extranjeros caminaban inseguros con su pasaporte en la mano y muchos musulmanes exhibían la bandera de Estados Unidos en su casa y sus carros. Los periódicos de la tarde recogían las escenas del impacto de los aviones y de las torres colapsándose. En el monumento simbólico de la Universidad del Sur de California, un mensaje anónimo reclamaba con ira la sangre derramada y decenas de pequeñas piedras honraban la memoria de los muertos.

En medio de la confusión y el dolor, buena parte de la población de Estados Unidos experimentó los hechos como si se hubiera tratado de la irrupción violenta y criminal en el hogar de cada uno de ellos. El terror se apoderó de la sociedad estadounidense a partir de entonces. La noche misma del 11 de septiembre del 2001, el presidente Bush anunció el combate frontal al terrorismo y a quienes lo protegían. Unos cuantos días después, el 17 de septiembre, Bush respondía de la siguiente forma cuando se le preguntó si quería ver muerto a Osama Bin Laden: "Quiero justicia. Hay un viejo cartel del oeste que dice, según recuerdo, 'se busca vivo o muerto'".[1]

El primer objetivo fue así Afganistán, en sus montañas —se argumentó entonces— se escondía el principal responsable del ataque a las Torres Gemelas. Posteriormente, en marzo de 2003 y sin la autorización del Consejo de Seguridad de la ONU Estados Unidos invadió Irak. Según el presidente Bush, ese régimen representaba un peligro potencial para la sociedad estadounidense y para Occidente mismo por las armas de destrucción masiva que poseía. El régimen iraquí caería unas cuantas semanas después del inicio de la invasión. Pero las armas de destrucción masiva nunca serían encontradas y la invasión llevaría a Estados Unidos a una guerra que para el 2009 entra ya en su sexto año. Desde el 2006, Arthur Schlesinger Jr. advertía ya que la guerra "se está prolongando más que la guerra de Corea, más que la guerra hispanoamericana y más que la participación de Estados Unidos en las dos guerras mundiales".[2] El saldo, hasta el 15 de febrero del 2009, es el siguiente: más de 4 000 muertes entre las tropas estadounidenses,[3] muchas más de iraquíes, un país dividido (Estados Unidos), otro que en el mejor de los casos vive una frágil estabilidad (Irak, que ahora se sabe nada tuvo que ver con los hechos del 11 de septiembre), la legalidad internacional quebrantada y, como consecuencia, un mundo nuevamente convulso.

*

La "guerra contra el terrorismo" definió al gobierno de Bush. Iniciada en su primer periodo —lo que lo llevó incluso a revertir

---

[1] Richard Wolffe y Holly Bailey, "Un día bueno, al fin", en *Newsweek en español*, vol. II, núm. 24, 19 de junio de 2006, p. 26.

[2] Arthur Schlesinger Jr., "¿Un nuevo Comité Truman?", en *El País*, 27 de febrero de 2006, p. 17.

[3] 4 242 muertes confirmadas al 15 de febrero, según icasualties.org.

la excelente condición económica que le dejó como legado Bill Clinton[4]— la guerra hizo también posible su reelección a pesar de la profunda división de la sociedad al respecto. La nueva contienda electoral que entonces libró Bush ante el demócrata John Kerry tuvo, una vez más, un resultado cerrado si consideramos las proyecciones realizadas al inicio del proceso electoral. Este resultado dividido se explica quizás también por la indecisión de la propia sociedad estadounidense que, aunque empezaba a manifestar sus dudas en torno a la legalidad y resultados de la guerra en Irak, no quiso dejar atrás el conflicto. Bush, en efecto, ganó en las urnas con una diferencia aproximadamente de tres millones y medio de votos. Los porcentajes alcanzados habrían sido del 50.7% de la votación emitida para Bush y el 48.3% para Kerry, lo que supuso 31 estados ganados para el primero (que sumaron un total de 286 votos electorales) y 19 para el segundo (251 votos electorales).[5] Una de las características que habría que destacar con relación a este proceso se refiere a la cercanía programático-política de ambos partidos. Las diferencias ideológicas entre republicanos y demócratas parecían entonces haber desaparecido. El propio Kerry, incluso, nunca se manifestó abiertamente en contra de la guerra.

La decisión de George Bush y, en sus inicios, de buena parte de la sociedad estadounidense, de enfrentar al terrorismo con la invasión de Afganistán y de Irak, constituyó una respuesta propia de la guerra fría y no de un país democrático con una sólida tradición constitucional y en un mundo que había finalmente asumido el Estado de derecho y la democracia como formas de gobierno. Conviene reconocer, al respecto, que la guerra fría constituyó uno

---

[4] Si bien para el año 2000 empezaban a manifestarse ciertos signos de desaceleración económica, en los años anteriores el país había pasado por una etapa de prosperidad económica al alcanzar un crecimiento con equilibrio en el presupuesto federal, el superávit más importante en su historia moderna y los niveles de desempleo más bajos en los últimos años (*Reforma*, 7 de noviembre de 2000, p. 25A).
[5] Fuente: *Usatoday*, 11 de noviembre de 2004.

de los periodos más difíciles de la historia estadounidense reciente en la medida en que la organización de un mundo bipolar terminó por trastocar los valores democráticos transformando a Estados Unidos más bien en una suerte de "guardián de la libertad". Entonces, los países del mundo prácticamente se vieron obligados a vivir bajo la égida o de ese país o de la Unión Soviética. Y la disputa por las distintas regiones conllevó intervenciones de ambos en el extranjero, el derrocamiento de gobiernos y, en suma, el control de las sociedades. Todo ello en un contexto de división, enfrentamiento, acelerada carrera militar e, incluso, amenaza de una guerra nuclear de alcances catastróficos.

A este pasado de la Guerra Fría que parecía haber quedado atrás —al menos eso creíamos— pertenecen la tortura y humillación de los presos en las cárceles de Abu Ghraib y Guantánamo, así como la violación de la soberanía de las Naciones Unidas en materia de conflictos internacionales y, en Estados Unidos, la llamada Ley Patriótica. Esta ley, aprobada el 24 de octubre de 2001, busca "Proporcionar las Herramientas Adecuadas Necesarias para Interceptar y Obstruir el Terrorismo"[6] con medidas que incluso al interior del país han causado gran polémica. Por ejemplo, otorga poderes extraordinarios a las fuerzas de seguridad para permitir que la policía invoque la lucha contra el terrorismo para acceder a la información sobre los libros que se compran en librerías o se usan en bibliotecas públicas. La ley, en suma, otorga mayor poder a las fuerzas del orden para interceptar las comunicaciones, crea nuevos delitos, penas y procedimientos en la lucha contra el terrorismo, incrementa el control de las fronteras, agiliza los procedimientos de detención y expulsión de sospechosos de terrorismo y da mayor poder al Tesoro para investigar movimientos de dinero. Muchas de estas medidas no han sido declaradas de carácter permanente, pero fueron prorrogadas en el 2005. Las libertades civiles han quedado así prácticamente en suspenso.

---

[6] USA PATRIOT Act (Uniting and Strengthening America by Providing Appropriate Tools Required to Intercept and Obstruct Terrorism).

Pero a la guerra fría pertenece también el aumento del gasto militar. Según el Instituto Internacional de Estocolmo de Investigación para la Paz (SIPRI por sus siglas en inglés), el gasto militar se encuentra en niveles similares a los registrados durante la Guerra Fría. De acuerdo con el informe del 2004, el gasto mundial en armamento superó la cifra del billón de dólares. El organismo señala a Estados Unidos como el responsable de casi la mitad del gasto mundial "que equivaldría a 17 años de lo que ahora reciben los países en vías de desarrollo como ayuda oficial".[7] Este aumento en los niveles del gasto militar se ha registrado luego del 11 de septiembre y, en Estados Unidos, ha significado además la desatención presupuestal a rubros importantes como el de la investigación espacial. La condición de los diques que no pudieron soportar la inundación provocada por Katrina en Nueva Orleáns se explica, en gran parte, porque el presupuesto requerido para su reforzamiento había sido reducido con objeto de emplear esos recursos en la guerra.

Finalmente, a la guerra fría pertenece la idea de "llevar" la democracia a Irak y, para el resto del mundo, el miedo constante que ha vuelto a todos como manifestación clara de un mundo al borde de la confrontación. El consenso alcanzado en 1989 en torno a la democracia y los derechos individuales como único paradigma legítimo de organización de la convivencia entre seres humanos que se asumen como libres —consenso que ponía fin a la Guerra Fría e inauguraba el nuevo siglo— se quebrantó tan solo doce años después con el ataque a las Torres Gemelas y la manera en que Bush decidió afrontar la lucha contra el terrorismo. Puede decirse así que uno de los retos actuales de Estados Unidos es, precisamente, dejar atrás la política de enfrentamiento

---

[7] Christianne del Olmo, "Guerra fría. Regresemos al genio a la botella", en *National Geographic en español*, edición especial (*Tiempos de Guerra. A 60 años de la Segunda Guerra Mundial*), Editorial Televisa, México, 2005, p. 109.

y volver a la práctica y promoción de una cultura democrática de apertura.

La primera respuesta de Bush ante el desastre ocasionado por Katrina fue el envío de tropas de combate a la zona devastada con el objetivo de mantener el "imperio de la ley". Así, muchos de los damnificados atrapados aún en los techos de sus casas, sin apenas haber podido dormir o comer algo, se vieron además intimidados por la actitud amenazante de dichas tropas. El gobierno, que de alguna manera los había abandonado, parecía ver ahora en todos ellos no ciudadanos necesitados, hombres y mujeres disminuidos incluso en su condición humana por la situación de emergencia que experimentaron, sino más bien delincuentes potenciales. La guerra contra el terrorismo determinó la manera en que Bush enfrentó la catástrofe. La Guardia Nacional de Louisiana, por ejemplo, se encontraba en territorio iraquí, a miles de kilómetros de distancia. La tardanza en tomar medidas eficaces tuvo que ver también, nos parece, con el temor del propio Presidente a aparecer como vulnerable a posibles ataques terroristas. Mientras visitaba la zona devastada, Bush se empeñaba en dejar claro a través de los medios de comunicación su capacidad para enfrentar el desastre... y también al terrorismo.

Al cumplirse el primer año de que Bush ganó la reelección, su gobierno había ya entrado en una seria crisis de credibilidad y honradez. La guerra en Irak había cobrado más de dos mil muertes de estadounidenses y se planteaba, en los medios de comunicación e incluso en algunos sectores de la política, la retirada de ese territorio como única salida. La justificación que llevó a la invasión, lo saben ahora Estados Unidos y el mundo, se basó en presupuestos falsos. La respuesta a los desastres ocasionados por Katrina y Rita mostró, además, a un gobierno ineficaz y alejado de los problemas cotidianos de la ciudadanía. La legitimidad alcanzada por Bush en las urnas luego de su reelección fue minándose por la ineficacia del gobierno en materia económica, así como en lo que se refiere a los desastres causados por los huracanes y la situación en Irak. En este último caso, las evidencias de corrupción en la reconstrucción del país y, sobre todo, la justificación de la invasión sobre presupuestos falsos, terminaron por revertir el apoyo de la opinión pública nacional.

Para el 2005, 51% de los estadounidenses no le apoyaba en su lucha contra el terrorismo, de acuerdo con una encuesta de *The Washington Post* que arrojó otros resultados significativos: casi dos tercios desaprobaban la gestión de la guerra y 55% aseguraba que se les mintió para justificar la decisión de iniciar la guerra. El 68% creía que el país iba sin rumbo, mientras que tan solo 30% veía con optimismo el futuro. Esta última cifra resultaba el nivel más bajo de satisfacción de los últimos nueve años y suponía también que solo 30% tenía altos niveles de confianza, al tiempo que la mitad afirmaba tener poca o ninguna.[8] Cuando aún restaban tres años de la administración Bush, solo 39% de los estadounidenses aprobaba su gestión, mientras 60% consideraba erróneo su trabajo frente a la Casa Blanca. La crisis por la que atravesaba el país era ya manifiesta. Y Bush finalmente cerraría su mandato registrando niveles de desaprobación históricos: según encuestas levantadas entre el 9 y el 11 de enero del 2009, es decir durante los últimos días de su administración, 27% aprobaba su gestión y 57% la desaprobaba (encuesta CNN/Wall Street). Otro sondeo de opinión arrojaba niveles del 34% y del 61%, respectivamente (Today/Gallup).

Estos datos representan un marcado contraste con el consenso ciudadano que, tal y como destacamos, recogieron Almond y Verba en su estudio realizado en los años sesenta. No obstante el rechazo a la administración Bush y el reclamo en favor del cambio que llevó a Obama a la presidencia, Bush dedicó su última alocución radial del día 17 de enero del 2009 para reiterar que para el país "la amenaza más seria… sigue siendo otro atentado terrorista", pues advirtió que los "enemigos son pacientes y están decididos a atacar de nuevo [por lo que] jamás debemos

---

[8] "Los estadounidenses ponen en duda la honradez de Bush", en *El País*, 5 de noviembre de 2005, p. 5.

bajar la guardia". Volvió además a su discurso sobre la existencia del bien y del mal en el mundo para insistir, en ese contexto, en que Estados Unidos tenía que encabezar la causa de la expansión de la libertad en el extranjero a fin de mantener su liderazgo y su fortaleza moral en la lucha contra el terror y la tiranía.[9]

*

Es a partir de los sesenta, y en el contexto de la Guerra Fría, que Estados Unidos empieza a tener un mayor protagonismo en la política internacional. Y la guerra, o la permanente amenaza de guerra, apareció entonces como un instrumento más de "defensa" de la libertad y del sistema capitalista. El gasto militar se incrementó pero, sobre todo, la sociedad se vio involucrada en un ambiente permanente de violencia y enfrentamiento con una parte importante del mundo. La guerra en Vietnam ha sido en este sentido una experiencia traumática de la política exterior de la Guerra Fría y que ha dejado una profunda huella en la memoria colectiva, misma que es posible reconocer aún en ciertas actitudes con respecto a la situación en Irak.

La retirada de las tropas estadounidenses de Vietnam luego de una guerra larga y, con el tiempo, ampliamente cuestionada por la sociedad estadounidense, la ha convertido en un conflicto que puede ser considerado hoy en día todavía no resuelto satisfactoriamente al interior del país. Como se sabe, mientras el número de muertos se incrementaba y Estados Unidos se involucraba en una guerra de guerrillas que prolongaba el conflicto, la duda en torno a la legitimidad de la intervención se instalaba en la conciencia pública norteamericana. Richard Rorty lo explicaba de la siguiente manera:

---

[9] *El Universal* online, 17 de enero de 2009.

la Segunda Guerra Mundial cimentó de nuevo la convicción de que los Estados Unidos podían jugar un papel liberador: eventos como el plan Marshall reconquistaron a los intelectuales con el optimismo y el sentimiento de que los Estados Unidos llevaban en su seno la promesa de un mundo mejor. La guerra de Vietnam partió todo esto, y, en cierto sentido, el país todavía no ha vuelto en sí del *shock*. Cuando las tropas se retiraron nos dimos cuenta de que habíamos sido derrotados; por primera vez en doscientos años habíamos perdido la guerra. La guerra de Corea había sido, efectivamente, otra derrota, pero quizás había sido menos patente. Después de Vietnam los Estados Unidos no han sido ya más la nación de Dios.[10]

Pero, ¿cuál era el propósito que dio lugar a esta guerra?: impedir que Vietnam se convirtiera en un bastión del comunismo soviético. De acuerdo con la resolución del Golfo de Tonkin de 1964, Estados Unidos consideraba "vital" para sus "intereses nacionales" y para el "mundo" la preservación de la paz internacional y de la seguridad en el sureste de Asia. En 1989, un discurso del entonces presidente Bush (George Bush Sr.) manifestaba con claridad el carácter no resuelto de la guerra en Vietnam: la lección última de Vietnam, afirmó, es que ninguna gran nación puede soportar estar dividida por un recuerdo.[11] La guerra en Vietnam ha transformado, sin duda, los últimos años de Estados Unidos. La crisis penetró hasta el corazón mismo de la sociedad. Así nos lo recuerda Philip Roth en su *Pastoral americana* al hacer estallar la guerra al interior mismo de la familia Levov, cuando uno de sus miembros elige una forma violenta de protesta en contra de la intervención en Vietnam y del modo de ser americano en general. Los Levov, quienes luego de generaciones habían logrado construir una vida feliz, armoniosa y de éxito económico, ven de

---

[10] Richard Rorty, "Después de la filosofía, la democracia. Entrevista con Giovanna Borradori", en *Cuidar la libertad*, Eduardo Mendieta (ed.), Trotta, Madrid, 2005, pp. 55-56.

[11] "President George Bush seeks a kinder, gentler nation, 1989", en *Major problems in American history since 1959. Documents and essays*, Heath and company, Lexington, D. C., 1992, p. 659.

pronto cómo esa vida termina por desmoronarse y, en realidad, no alcanzan a elaborar una explicación para ello. ¡Si finalmente habían realizado todo lo necesario para forjarse una vida y un futuro felices!

Y la guerra, desde luego, ha terminado en muchas ocasiones por entrar en conflicto con las prioridades nacionales. A lo largo de la década de los ochenta, por ejemplo, el gasto militar estadounidense tuvo un incremento constante entre 1980 (158 000 millones de dólares) y 1987 (241 000 millones), con un ligero decremento en 1988 (235 000 millones). La importancia del gasto en el rubro militar respondía a la nueva política exterior de guerra fría del presidente Reagan de asegurar la "paz a través de la fuerza", lo que supuso el desarrollo de nuevas y sofisticadas armas de alta tecnología. De manera paralela, la desigualdad en el ingreso familiar se agudizó —también constantemente— entre 1975 y 1985, quedando atrás los planes de la "Gran sociedad". Hasta los años recientes, cuando los presupuestos destinados a asegurar las condiciones mínimas de seguridad para la ciudadanía —como el de los diques de Nueva Orleáns— han sido reducidos en nombre de la lucha contra el terrorismo. Y luego del paso del huracán Katrina la reconstrucción de la zona devastada avanza con una lentitud injustificable en un orden democrático.

El "terrorismo" y ya no el comunismo es, desde la perspectiva de Bush, la nueva amenaza para la libertad e, incluso, para la civilización occidental misma. Luego del 11 de septiembre, Bush defendió la idea de las "guerras preventivas" dirigidas a defender a Estados Unidos en contra del terrorismo y de los Estados que "lo protegen". Además, la situación de crisis, de excepcionalidad como la que supone una guerra, conlleva una —por lo menos— presión constante al orden jurídico vigente. Bajo esas condiciones, el riesgo latente es desde luego que esta presión se transforme en una abierta ruptura de la legalidad. Al respecto, insistimos aquí en las consecuencias de la *Patriot Act* para la vida en los Estados Unidos, así como en particular la discusión en torno a la legitimidad del espionaje, de las intervenciones telefónicas. Para la administración Bush, se trataba de medidas necesarias para enfrentar la amenaza terrorista y que no contravenían las libertades civiles. No obstante, amplios sectores de la sociedad estadounidense consideran precisamente lo contrario: dichas medidas por supuesto que contravienen las libertades fundamentales de la persona.

Bajo la situación de guerra, otro serio riesgo que se corre se refiere a la concentración del poder. El conflicto en Irak y la guerra contra el terrorismo suponen la toma de ciertas decisiones que por la circunstancia de emergencia que se vive no puede esperarse —se asume— que pasen por los difíciles y minuciosos procesos democráticos. Pero a medida que el consenso en torno a la necesidad del conflicto se mina en los Estados Unidos, el gobierno se instala en la ilegitimidad ante una sociedad tradicionalmente celosa defensora de sus derechos liberales y de la no intervención del Estado en la vida privada. Una relación que al respecto se ha visto particularmente tensionada es la del Poder Ejecutivo con la Suprema Corte de Justicia, máxima instancia encargada de preservar la integridad del orden constitucional sometiendo a juicio las leyes y los actos de gobierno. Han sido también las decisiones de la Suprema Corte de Justicia las que, en diversas ocasiones, han logrado hacer valer el respeto a las libertades individuales.

No puede pasarse por alto que se trata de polémicas medidas implementadas bajo la sospecha en torno a los verdaderos propósitos que llevaron a la guerra en Irak. Y son también medidas que surgen del miedo: existen sectores de la sociedad que han aceptado la necesidad de sacrificar libertades en nombre de mayores espacios de seguridad. De aquí, por ejemplo, los cuidadosos chequeos antes de abordar un avión, la constatación de la identidad de quienes son considerados "sospechosos" por su aspecto físico. El ambiente de guerra divide a la sociedad, además de que pone en riesgo la vigencia del Estado de derecho y, con ello, la vigencia y garantía de las libertades civiles.

Tres años después del inicio de la intervención en Irak, 2 300 soldados estadounidenses muertos, más de 16 000 heridos, el país de Oriente Medio al borde de una guerra civil y el anuncio del presidente Bush de una estancia prolongada de las tropas, habían empezado a extender ya en la opinión pública estadounidense la idea de que combaten una guerra que nos les corresponde —de la misma manera que ocurrió en Vietnam. No obstante, la administración Bush parece haber asumido el conflicto como una cuestión de orgullo y venganza, con lo que sus consecuencias últimas no han sido, desde nuestra perspectiva, valoradas de manera adecuada. Uno de los pilares fundamentales de la democracia, aquel que le da estabilidad, es el que se refiere a la adopción libre y autónoma de los ciudadanos de esa forma de orden público. Solo un cambio radical de política, la vuelta a la tradición democrática y el reconocimiento del derecho entre las personas y las naciones alejará a Estados Unidos de la guerra y el enfrentamiento que, por lo menos desde los años sesenta, ha dado forma a sus relaciones con el mundo. No solo la paz internacional requiere lo anterior, sino también el proyecto mismo de la libertad.

*

Los años de guerra fría incubaron en la sociedad estadounidense una actitud defensiva ante un potencial enfrentamiento bélico. Así que la guerra fue lo primero que vino a la mente de diversos sectores luego del ataque a las Torres Gemelas. Y el primer apoyo que obtuvo Bush para iniciar la guerra en contra del terrorismo vino, en buena medida, de la memoria de una sociedad con la experiencia de Vietnam. La guerra enferma y trastorna la vida social. Las huellas de la guerra permanecen siempre profundamente impresas en una sociedad, en su memoria histórica. Hoy en día, si bien la guerra se libra a miles de kilómetros de distancia del territorio estadounidense, la guerra se experimenta en el corazón de la sociedad misma, en su vida cotidiana. Está presente en el discurso político de los partidos y de los medios de comunicación; también en los presupuestos federales que se reorientan para enfrentar no las ingentes necesidades internas, sino las militares, en la inconformidad social y política que no ha logrado transformarse en un movimiento pacifista eficaz. Pero la guerra está presente, sobre todo, en el dolor de cada uno de los deudos de los caídos en las Torres Gemelas, en Irak y en Afganistán, en la incertidumbre de las familias de quienes tienen a uno (o más) de sus miembros combatiendo, en los listones de los autos que recuerdan a los ausentes, en la televisión que transmite horas y horas de información y debate sobre la situación en el campo de batalla, en la proliferación de películas y juegos de video con altos contenidos de violencia que, junto con la televisión misma, terminan por presentar como parte de la normalidad lo que debiera ser excepción.

Para las sociedades modernas una guerra, se libre donde se libre, constituye siempre una derrota moral. No se trata de un mero enfrentamiento entre tecnologías más o menos avanzadas, o de la disputa por los mercados, o de la competencia entre principios políticos rivales. La guerra es, siempre, un enfrentamiento entre seres humanos. Y luego de la terrible experiencia del siglo XX debiera ser claro para todos que en una guerra nadie resulta realmente vencedor.

2. La estela de Katrina. El desamparo ciudadano

El 29 de agosto de 2005 el huracán Katrina —de categoría 4— azotó las costas del golfo de México estadounidense (Mississippi, Louisiana y Alabama). Con lo que dejó tras su paso, ha sido considerado como el peor desastre natural en la historia del país. Todo pareció haber fallado entonces: la previsión, la evacuación, el manejo de la crisis de emergencia, la atención a la tragedia y, como hemos podido constatarlo con el tiempo, también la fase de reconstrucción.

La ciudad más afectada por el impacto del meteoro fue Nueva Orleáns. Los diques de la ciudad rodeada por las aguas del río Mississippi, del lago Pontchartrain y del propio golfo de México, no soportaron la presión y se rompieron inundando Nueva Orleáns en 80%. La eventualidad de la tragedia había sido anunciada con anterioridad dada la condición de los diques y el hecho de que buena parte de la ciudad está construida dos metros bajo el nivel del mar. De esta manera, a la fuerza del huracán hubo que sumar una inundación que dejó atrapadas a miles de personas que se habían quedado en sus casas. Muchos de los habitantes de la zona lograron ponerse a salvo antes del impacto de Katrina. Pero muchos otros de los que quisieron salir no pudieron hacerlo (el aeropuerto estaba cerrado, por ejemplo), otros tantos no quisieron dejar su propiedad y, por último, hubo quienes simplemente no tuvieron los medios para evacuar.

Así, Katrina dejó tras de sí una gran tragedia: una ciudad prácticamente bajo el agua (Nueva Orleáns),[12] kilómetros y kilómetros de destrucción, casas incluso arrancadas desde sus cimientos (204 000 afectadas en Lousiana y Mississippi), 45 millones de metros cúbicos de escombros en Lousiana,[13] pérdidas en la industria agrícola y petrolera, así como en la infraestructura urbana y portuaria. Y, desde luego, lo que resultaría sumamente doloroso: tan pronto como el huracán dejó la zona, una serie de saqueos mostraban a sectores de ciudadanos enfrentados en su lucha por la sobrevivencia y a otros más tratando de sacar ventaja en medio del dolor,

---

[12] De las 180 000 casas de la ciudad, 110 000 fueron inundadas y se estima que entre 30 000 y 50 000 tendrían que ser demolidas. "Thousands of demolitions are likely in New Orleans", en *The New York Times*, 23 de octubre de 2005. En el Noveno Distrito Bajo, por ejemplo, el agua alcanzó hasta tres metros de altura. *Cfr.* "¿Dónde estás Nueva Orleans?", de Ernest J. Gaines, en *National Geographic. En español*, agosto de 2006, pp. 14-25.
[13] Cifra que representa 25 veces más que las ruinas del World Trade Center en Nueva York.

la confusión y el caos. La situación de emergencia nos mostraba así también la fragilidad de los contenidos civilizatorios del ser humano. Hubo quienes —ancianos, niños y familias enteras— pasaron días en los techos de sus casas, sin alimento alguno ni agua, esperando ser rescatados; otros más, evacuados a tiempo, sufrieron sin embargo la desorganización en los refugios y la quiebra del sistema sanitario (hospitales sin luz, sin agua y sin alimentos). Pronto, además, flotaron cadáveres que tardaron días (y meses) en ser recuperados. El saldo oficial fue de 1 080 muertos en Louisiana y 231 en Mississippi, así como poco menos de 2 000 personas consideradas desaparecidas.[14]

Desde luego, Katrina dejó también pendiente una gran y profunda tarea de reconstrucción. Prácticamente luego de tres meses de su impacto, el 25 de noviembre de 2005 *The New York Times* señalaba que grandes zonas de Nueva Orleáns seguían sin electricidad, gas, ni agua y una gran cantidad de casas seguían siendo inhabitables. Casi ninguna del millón y medio de personas evacuadas del sur de Louisiana había vuelto a su hogar, se destacaba también en esa edición. Seis meses después, toneladas de escombros permanecían sin remover en Louisiana, cerca de 189 000 de los casi 500 000 residentes de Nueva Orleáns habían regresado a sus hogares, y las noches eran aún particularmente oscuras en la medida en que solo poco más de la tercera parte de la ciudad tenía electricidad, mientras que el porcentaje de quienes contaban con agua caliente o gas para cocinar era un poco inferior al tercio.[15] Incluso, centenares de presos en Nueva Orleáns permanecían en la incertidumbre en torno a sus procesos, pues el agua dañó seriamente los juzgados y se tragó sus archivos.[16] Como decíamos al principio de este apartado, todo pareció haber fallado entonces: la previsión, la evacuación, el manejo de la crisis de

---

[14] "Six months after Katrina, life goes on", en *The Miami Herald. International edition*, 26 de febrero de 2006, p. 6A.
[15] *Ídem*.
[16] *El País*, 2 de febrero de 2006, p. 48.

emergencia, la atención a la tragedia y también la fase de reconstrucción (la ayuda federal ha sido lenta e insuficiente). Un informe sobre el desastre, elaborado por congresistas republicanos, reconoce que "Katrina fue un fracaso nacional, una abdicación de las más solemnes obligaciones para con el bien común".[17] Casi diez meses después de la tragedia, el mismo *New York Times* denunciaba en su edición del 21 de junio de 2005 la inexistencia de un plan de reconstrucción.

Al cumplirse el primer aniversario del paso del huracán, Nueva Orleáns seguía viviendo —en muchos sentidos— una situación de devastación: poco menos de la mitad de las personas que vivían allí antes de la tormenta habían regresado, cientos vivían aún en remolques, muchas de las casas destruidas o afectadas guardaban todavía las señales numéricas que aquellos días daban cuenta de los muertos encontrados en el lugar, los servicios urbanos (gas, electricidad y transporte) no habían sido reestablecidos en su totalidad y los altos índices de criminalidad persistían de forma tal que la Guardia Nacional patrullaba las calles buscando procurar seguridad. En su nota central del día 28 de agosto de 2006, la edición internacional del *Miami Herald* definía al Noveno Distrito Bajo como un "pueblo fantasma". En el país, solo 31% aprobaba la manera en que el presidente Bush manejó la situación provocada por el huracán y hasta 56% no creía que Estados Unidos estuviera listo para enfrentar otro desastre.[18] Pero la situación de devastación va más allá de la destrucción física para instalarse en el espíritu mismo de quienes alguna vez fueron allí residentes: un sentimiento de abandono y olvido se extiende aún por la zona afectada y hay incluso quienes consideran que una tragedia así ya no puede repetirse, pues el agua solo podría llevarse las ruinas.[19]

---

[17] "El Congreso denuncia 90 fallos en la gestión de la catástrofe del Katrina", en *El País*, 13 de febrero de 2006, p. 2.

[18] "Poll: government not prepared for disaster", en *The Miami Herald*, 28 de agosto de 2006, p. 6A.

[19] *Cfr.* las crónicas publicadas al respecto en las ediciones del 28 y 29 de agosto de 2006 del periódico *El País*.

Ante el impacto de Katrina falló el esfuerzo de coordinación del gobierno, pero también la iniciativa y solidaridad ciudadanas.

El ataque a las Torres Gemelas y la posterior guerra contra el terrorismo que lleva a los Estados Unidos a Irak, así como la devastación ocasionada por Katrina y la lenta y tardía reconstrucción de la zona representan, desde nuestra perspectiva, manifestaciones de la crisis. El que una de ellas sea resultado de una agresión externa y tenga que ver con la política internacional, mientras que la segunda ocurra en territorio propio y luego del impacto de un fenómeno de la naturaleza no debe ocultarnos su origen común. Pero, ¿en qué sentido decimos que se trata de dos manifestaciones de una crisis? Responder a esta pregunta será uno de los objetivos del resto de nuestro libro. Por lo pronto, cabe destacar aquí la experiencia que representa una guerra sin resultados claros ni, hasta ahora, perspectivas de paz para un futuro cercano, así como miles de personas prácticamente desprotegidas ante el impacto de un huracán, y todo ello en una sociedad cuyo aliento fundamental (histórico, jurídico y político) ha sido el proyecto moderno de realización de la libertad.

*

Cuando en agosto de 2005 el huracán Katrina se acercaba a las costas estadounidenses del golfo de México, nadie podía imaginarse que su paso por tierra se combinaría con una serie de circunstancias que terminarían por convertir a este fenómeno natural en una gran tragedia humana. La falta de previsión y, sobre todo, un gobierno cuya principal preocupación ha sido la lucha en contra del "terrorismo" pusieron al descubierto la fragilidad y desamparo que privan también en un sector de la sociedad de Estados Unidos: el sur profundo emergió a la superficie y la pobreza extrema se tornó visible no solo para ese país, sino para el mundo entero.

La primera economía mundial, ahora lo sabemos con certeza, esconde tras su poderío problemas que considerábamos como propios de las sociedades más atrasadas del planeta. En este sentido, el paso del huracán puso al descubierto, además, uno de los problemas históricos no resueltos de Estados Unidos. Y, como se sabe, los problemas que se han configurado a lo largo de los años son quizás los más difíciles de afrontar y terminan por convertirse en serios obstáculos para la viabilidad de una sociedad en la medida en que, aunque se busca ocultarlos, surgen una y otra vez y siempre con un mayor grado de gravedad. Nos referimos al problema de la discriminación. Pobreza y discriminación parecen tener un denominador común en la zona afectada por Katrina (Louisiana, Mississippi y Alabama): la condición de la sociedad afroamericana. En ciudades como Nueva Orleáns, la población afroamericana alcanza 67% del total con una tercera parte de ellos viviendo a su vez en situaciones límite de pobreza.

Ya en los años sesenta, Michael Harrington, en su libro *La cultura de la pobreza en los Estados Unidos*, buscó ilustrar cómo la injusticia económica y la injusticia racial se enlazaban allí entonces. De acuerdo —nos dice— con las cifras de 1960 del Departamento de Trabajo, 4% de los empleados negros estaba formado por trabajadores "profesionales, técnicos y análogos" (comparado con el 11.3% de los trabajadores blancos). Un 2.7% correspondía a "directores, funcionarios y propietarios" (comparado con el 14.6% de los blancos). Para Harrington, estas cifras muestran que en la cumbre de la estructura económica había 6.7% de negros y 25.9% de blancos. La perspectiva resulta diferente si ponemos atención a la escala baja de dicha estructura económica. De acuerdo con la misma fuente, en 1960 20% de los blancos ocupaba empleos industriales de alta especialización, mientras que en esta clasificación se encontraba 9% de negros. Los obreros y los trabajadores semiespecializados de la producción en masa constituían alrededor del 48% de la población negra masculina; los blancos, 25.3%.

Como puede verse, la población afroamericana ocupaba entonces los empleos inferiores. Lo anterior llevó a Harrington a afirmar que

> Los negros en los Estados Unidos están concentrados en los empleos peores, más sucios y de salario más bajo. Un tercio sigue viviendo en el Sur rural, y muchos de ellos se limitan a subsistir dentro de una cultura de pobreza y en una sociedad de franco terror. Otro tercio vive en las ciudades sureñas y un último tercio en las del Norte, y éstos han mejorado su suerte, si se las compara con los aparceros de su raza. Pero son todavía los últimos en ser contratados y los primeros en ser despedidos, y son particularmente vulnerables en los casos de recesión.[20]

Harrington concluye que, ante esta situación, los cambios en la estructura jurídica serán siempre insuficientes en la medida en que no se revierta la estructura racista que subyace al conjunto de la sociedad. La verdadera emancipación significaba —ya entonces— tomar las medidas adecuadas en contra de la situación de los barrios bajos, de la educación inferior y de la atención médica inadecuada de la población afroamericana. Tomar las medidas necesarias en contra de lo que Harrington llamó en esos años la "cultura de la pobreza" en Norteamérica y que suponía la invisibilidad de los sectores pobres por la propia transformación de las ciudades —que alejaba los barrios deprimidos de las zonas propias de la clase media—, por la semejanza en la vestimenta del total de la población, por la reclusión de los ancianos —en buena parte pobres— debido a su enfermedad o inmovilidad y por la falta de representación política de los sectores deprimidos. Se trataba, así, de una pobreza sin presencia ni voz.

Todo lo anterior en el contexto, como lo admite el propio Harrington, de una sociedad que sin lugar a dudas puede proporcionar una vida decente a hombres, mujeres y niños. John

---

[20] Michael Harrington, *La cultura de la pobreza en los Estados Unidos*, 2ª. ed., FCE, México, 1965, p. 97.

Kenneth Galbraith, en la edición de fines de los años sesenta de su libro *La sociedad opulenta*, confirma este diagnóstico en torno a la discriminación económica de la población afroamericana.[21] El problema, por tanto, en lugar de ser afrontado con firmeza siguió persistiendo. Hasta que, como lo dijimos, Katrina volvió visible la pobreza y ahora ya no solo para Estados Unidos, sino para el mundo entero, lo que sin duda debiera también tener consecuencias de alcance general: la insuficiencia del orden liberal para hacer valer la condición ciudadana en su contenido universal.

Las imágenes sobre el paso del huracán Katrina y sus efectos nos han dejado ver, así, a una amplia población de origen afroamericano todavía sumida en la pobreza. Según estadísticas oficiales del año 2004, 24.7% de los afroamericanos es pobre, el doble que la población general (12.7%). Pero en este caso se trata, nos parece, de una pobreza singular. Se trata de una pobreza que, además de impedirles llevar una vida de acuerdo con los índices mínimos de bienestar, sobre todo aniquila la voluntad y el espíritu, sustento indispensable de todo quehacer democrático. Cuando vemos las imágenes, uno no puede sino preguntarse por qué a pesar de los llamados de alerta muchos no buscaron alejarse de la zona en peligro. Una parte de quienes se quedaron subestimaron sin duda las consecuencias del impacto de Katrina. Pero otros prefirieron quedarse a cuidar su propiedad poniendo en riesgo sus vidas. Algunos de estos terminaron por morir protegiendo lo que tenían, que en realidad era muy poco. Después de los hechos, muchos de los sobrevivientes albergados parecían no tener claridad sobre las decisiones necesarias a tomar con respecto a su futuro. Sin contar con seguros de sus casas y automóviles (quienes los tenían), muchos de ellos se quedaron sin nada. Como ha dicho Philip Roth, "cuando has sido expulsado,

---

[21] Galbraith al respecto señala: "Las personas que no tienen trabajo carecen de educación, son jóvenes o no poseen una experiencia laboral previa, no han pasado por un aprendizaje o no están capacitadas y normalmente son negros". *La sociedad opulenta*, Planeta-Agostini, Barcelona, 1992, p. 253.

o cuando has tenido que irte, o cuando has elegido marcharte para huir de la persecución o de la miseria, o de un sistema totalitario, entonces estás en el exilio. ¿No es eso lo que le ha pasado ahora a la gente de Nueva Orleáns? La que fue su ciudad, ahora es tan sólo su lugar de nacimiento".[22]

Así, buena parte de la población afroamericana se encuentra en condiciones muy lejanas al ideal de autonomía, independencia y autosuficiencia que se supone caracteriza al ciudadano liberal y propietario. Parece más bien, por el contrario, una sociedad desvalida, inmóvil. La cuestión relevante ahora es, por supuesto, cómo se llegó a esa situación. Y, por la gravedad del problema, sus inicios parecen remotos y la responsabilidad por su origen no puede ser individual ("proyectos de vida no exitosos"), sino más bien de orden colectivo: un orden económico de crecimiento frenético, pero desigual e injusto; una sociedad en el mejor de los casos indiferente, cuando no francamente discriminatoria y, finalmente, una estructura de poder ajena a los problemas apremiantes de su propia ciudadanía.

La reconstrucción del área afectada tendrá que ser mucho más profunda. Más allá de recuperar las casas, la infraestructura de las ciudades, la vitalidad cultural de Nueva Orleáns e, incluso, el amor por el jazz, Estados Unidos tendrá que reconstruir —aun después de la elección de Obama— sobre todo sus lazos con la sociedad afroamericana. Pero también, cabe decirlo, con las distintas culturas que conforman su pluralidad característica. Es decir, Estados Unidos tendrá finalmente que pasar de la protección jurídica y los apoyos económicos al reconocimiento efectivo de la población afroamericana, a la práctica cívica y cotidiana del reconocimiento entre iguales, a la consolidación de ciudadanos en plenitud por el ejercicio de sus legítimos derechos. La ayuda social, esta es una más de las lecciones que nos han dejado estos lamentable hechos, no puede ser una forma de vida. En el mejor

---

[22] "Philip Roth. La invención de lo posible", entrevista con Antonio Muñoz Molina, *El País semanal*, núm. 1515, 9 de octubre de 2005, Madrid, p. 19.

de los casos, debe asumirse como un paliativo de carácter temporal. Como forma de vida, puede incluso resultar contraproducente en la medida en que no permite a quienes son sujeto de ella salir de la dependencia y convertirse en personas autosuficientes.

Recuperar la infraestructura habitacional y de la ciudad en general —también, por supuesto, la que mantiene la economía de la región—, ha llevado ya años. Seguramente, Nueva Orleáns no volverá a ser lo que fue. El recuerdo de la catástrofe llevará a muchos de sus habitantes a no volver e, incluso, ahuyentará a muchos de sus posibles visitantes. Así quedó de manifiesto casi seis meses después de la catástrofe: la tradicional celebración del carnaval y del *mardi gras* los últimos días del mes de febrero del 2006, fue en este caso una forma de tratar de demostrar que Nueva Orleáns estaba de pie y volvía a la normalidad. Pero se trataba de una normalidad que no podía aún alcanzarse: quedaban allí, a corta distancia de los tradicionales lugares de diversión, las casas derruidas, los servicios no restablecidos, el recuerdo de quienes huyeron del huracán y, posteriormente, de la ciudad misma. Y tampoco es posible volver a la normalidad sin más cuando tantas vidas se perdieron en una catástrofe que podría haberse evitado.

La reconstrucción de Nueva Orleáns es también urgente en la medida en que la ciudad constituye un importante testimonio histórico y cultural de los Estados Unidos. Posesión española y francesa, fue además lugar de acogida de importantes grupos migratorios (irlandeses, italianos, alemanes). Y autores y obras fundamentales en la tradición literaria estadounidense como las de Walt Whitman y Mark Twain, William Faulkner, Tennessee Williams, Truman Capote, John Kennedy Toole y Paula Fox, entre otros, están estrechamente vinculados a Nueva Orleáns. Se trata de un legado que debe ser preservado como parte de la identidad de Estados Unidos y patrimonio de la cultura universal.

La pobreza de amplios sectores de la sociedad quedó al descubierto con el paso de Katrina. Encontramos así en Estados

Unidos, como en buena parte del mundo, seres humanos necesitados, desprotegidos, menesterosos, incluso abandonados por una sociedad de la que bien puede decirse que alguna vez construyó una nación entera con sus propias manos. La discusión en torno al problema de la pobreza ha tomado una nueva importancia. Por lo anterior, conviene recordar que la pobreza en el país tiene también otros rostros como, por señalar unos cuantos ejemplos, las muertes por hipotermia que se registran, año con año, durante el invierno del noreste de Estados Unidos, así como los 45 millones de personas que carecen de seguro médico.[23] O la desigualdad que se incrementa[24] y el acceso a la universidad que se dificulta cada vez más para los estudiantes de escasos recursos en la medida en que los costos universitarios suben más rápido que los salarios o las becas del gobierno. Sin un grado académico, las posibilidades para encontrar un empleo con salario digno se reducen, con lo que la movilidad social —una característica propia de la sociedad estadounidense— se estanca.

Es importante tener presente además que la desigualdad social y económica, así como la inequitativa distribución de la riqueza, relativizan la igualdad política. De aquí también la gravedad de que la política norteamericana actual esté sujeta ya no al imperio de la ley y de la soberanía popular, sino sobre todo a intereses económicos como los que representan las grandes corporaciones. Por ese camino las demandas ciudadanas quedarán sin resolver. Y la brecha entre pobres y ricos se abrirá, incrementando también el descontento entre los distintos sectores de la sociedad. Estados

---

[23] "La salud como derecho y negocio a la vez", en *El País*, 9 de marzo de 2009, pp. 26-27.

[24] Según un reporte conjunto del Centro para Prioridades Presupuestales y Políticas y del Instituto de Política Económica, entre 1988 y 1998 las ganancias de la quinta parte más pobre de las familias estadounidenses subieron menos del 1%, al tiempo que las ganancias de la quinta parte más rica del país se incrementaron 15%. "Crece la desigualdad en Estados Unidos", *Reforma*, 1 de agosto de 2004, p. 27 A.

Unidos tiene que volver la mirada hacia su propia realidad. Solo así los problemas no resueltos podrán empezar a enfrentarse.

*

Tres semanas después del impacto de Katrina, un nuevo huracán se acercaba a las mismas costas del golfo de México y terminó por internarse en territorio estadounidense al este de Louisiana golpeando sobre todo al estado de Texas. Expresiones como las siguientes se escucharon: "Recen por Texas", pidió el gobernador. En Lake Charles, al oeste del estado, las autoridades pidieron a quienes permanecieron en sus lugares de residencia escribir su nombre, fecha de nacimiento y número de seguro social en sus brazos para que pudieran ser identificados en caso de muerte.[25] La propia gobernadora de Louisiana, Kathleen Blanco, quien junto con Ray Nagin —alcalde de Nueva Orleáns— y el presidente Bush comparten la responsabilidad del desastre provocada por Katrina, respondió lo siguiente cuando se le preguntó qué diría a quienes se negaran a evacuar de nuevo: "Si hay gente que insiste en no marcharse, deberían escribir en el brazo su número de Seguridad Social con tinta indeleble" para facilitar el reconocimiento de sus cadáveres.[26] Por último, "Se nos viene encima una catástrofe", dijo un portavoz del Centro Nacional de Huracanes.[27]

La amenaza de un segundo huracán en tan poco tiempo desató además el miedo en la población de manera tal que el esfuerzo desesperado por salir de la zona texana en riesgo provocó el caos en las autopistas colapsándolas. El gran éxodo de 2 700 000 habitantes no pudo ser sino caótico. Los residentes de la zona parecían experimentar la sensación de una catástrofe de dimensiones apocalípticas y ante la cual, por tanto, no quedaba sino huir lo

---

[25] *La Jornada*, 24 de septiembre de 2005, p. 28.
[26] *El País*, 24 de septiembre de 2005, p. 3.
[27] *El País*, 23 de septiembre de 2005, p. 2.

69

más rápidamente posible. Rita y Katrina han puesto de manifiesto también el miedo que priva en la población en general. Estados Unidos es, seguramente, uno de los países del mundo con mayores recursos para prever y afrontar este tipo de desastres naturales. Insistimos, al respecto, que se trata no solo de la primera economía del mundo, sino también de una sociedad que ha hecho del progreso tecnológico una de sus metas principales, como lo pudimos constatar con la ya reseñada misión del *Deep Impact*.

Pero la grave crisis que pusieron al descubierto Katrina, y posteriormente Rita, tiene que ver no con la intensidad de dichos fenómenos atmosféricos sino más bien, como hemos visto, con la falta de previsión y la mala gestión pública. En ambos casos, lo que se ha puesto de manifiesto ha sido sobre todo la incompetencia de las autoridades de los distintos niveles de gobierno, pero también una práctica de la política que pareciera haber dejado de atender el día a día, las necesidades cotidianas de los ciudadanos o que, por lo menos, ha asumido que los ciudadanos deben enfrentarlo todo por sí mismos —incluso una situación de emergencia— mientras no se trate de hechos de "terrorismo".

3. La experiencia contemporánea de la libertad. Lo público y el derecho

Como he dicho, en América todo el mundo
es libre … -Libre para ganar dinero…
Susan Sontag, *En América*

En los Estados Unidos de hoy resulta indispensable contar con un historial crediticio impecable. Ello abre las puertas a la propiedad de los autos y la vivienda, hace posible también las rentas a largo plazo y el acceso al crédito en las grandes tiendas departamentales. Por el contrario, un registro negativo en este aspecto puede obstaculizar incluso la adquisición de ciertos programas de seguros de salud. Restaurar el buen nombre crediticio bien puede constituirse en una tarea difícil de alcanzar, con lo que esta "falta de confianza" se torna un pesado lastre que puede saltar en cualquier momento, en cualquier lugar del país, ante la transacción económica más simple. Nadie se molesta en indagar, en cambio, en las capacidades cívicas, las conductas ciudadanas y los compromisos comunitarios. Con esto, sin duda nos hemos alejado de nuestros orígenes como nación democrática.

Hemos construido una forma de vida en torno al dinero y al crédito. Y es en este contexto que hemos recortado la concepción que tenemos de nosotros mismos. Los hechos y las actitudes, nos parece, indican que ha sido sobre todo el desarrollo económico lo que ha marcado el rumbo de las sociedades modernas. Lo anterior desde luego por las necesidades mismas de su crecimiento (económico, demográfico, urbano, etcétera), pero también —y habría que aceptarlo— por la figura del individuo propietario que está a la base misma del orden liberal, que constituye, pues, su punto de partida. Nuestra concepción de la libertad se ha visto así en buena medida determinada por esta centralidad de lo económico que priva en las sociedades modernas. Ello resulta particularmente cierto en el caso de Estados Unidos, donde incluso la idea del "sueño americano" se ha circunscrito a la aspiración a la propiedad.

Si atendemos a lo que son nuestras conductas sociales e individuales podremos apreciar cómo la concepción predominante de la libertad se circunscribe a la libertad como libertad negativa, es decir, a ese espacio de lo privado que por definición se considera ajeno al poder, a la sociedad, al resto de las personas. Pareciera como si solo en el ámbito de lo que asumo como propia y exclusivamente mío me siento realmente "libre". No son las libertades ciudadanas, las libertades que me facultan para participar en la definición, análisis y solución de los problemas de la vida en común, las libertades que, en suma, propician el acercamiento entre las personas, las que aparecen en primer lugar en la conciencia del ser humano contemporáneo. Damos prioridad, más bien, a las acciones que creemos que promueven el bienestar propio y el de aquellos que nos son más cercanos. Otra consecuencia al respecto es que hemos dado lugar además a una cultura centrada en el yo.

En efecto, hemos erigido nuestro juicio personal como referente último en materia de decisiones: los problemas sociales importan solo si nos afectan; únicamente se vuelven relevantes aquellos asuntos que nos conciernen; demandamos justicia solo para nosotros; el consumo de energía responde a nuestras muy particulares necesidades e, incluso, el hecho de que una figura pública dé a conocer que padece una enfermedad grave se vuelve en realidad oportunidad para preocuparnos en torno a nuestra salud. El interés personal y el bienestar individual en su sentido más estrecho —entendido como beneficio propio— se han vuelto así el criterio último de juicio. Y cuando el "yo" de esta manera asumido se convierte en autoridad única, las fronteras, tanto de la moralidad como de la legalidad, se tornan frágiles, porosas. La búsqueda ansiosa de ganancia económica, por ejemplo, se vuelve una forma de vida totalmente legítima, y su logro no se cuestiona, sino que se aplaude, reconoce y admira como manifestación de éxito.

Vivimos ya no el ejercicio de la libertad individual, sino el ejercicio de lo que de manera provisional llamaremos aquí la "libertad egoísta". De acuerdo con un sondeo realizado por el Pew Center, en Estados Unidos la percepción de la felicidad está estrechamente vinculada con el dinero. El resultado del estudio concluye que la mitad de los interrogados con ingresos familiares por encima de los cien mil dólares anuales se consideran "muy felices". Por el contrario, esta percepción la comparten solamente 24% de aquellos que cuentan con menos de treinta mil dólares anuales. La raza constituye otro factor importante en la consideración de la felicidad, pues 36% de los blancos y 34% de los hispanos se declaran "muy felices", frente al 28% de los afro-americanos.[28]

Otro dato que nos parece interesante se refiere a la situación paradójica que supone la alta consideración que tienen los estadounidenses por la religión (74% afirma que la religión es "muy importante en mi vida")[29] y, al mismo tiempo, su apoyo a la intervención en Irak, y a la guerra en general. Lo anterior solo puede sugerirnos una distorsión de la fe religiosa en la medida en que ella, su práctica cotidiana —cualquiera que sea su credo en particular— permite, tolera, y en algunos casos hasta justifica, el enfrentamiento —y no la reconciliación— con nuestros semejantes. En el mejor de los casos, la experiencia religiosa promedio de hoy en día parece más bien asumirse como dirigida a, por decirlo de alguna manera, "aliviar" las aflicciones de almas individuales. Desde nuestro punto de vista, en este rango se inscriben también, por ejemplo, el surgimiento de "nuevas formas de culto" (de "iglesias" que incluso han visto multiplicar exponencialmente sus "congregaciones" en unos cuantos años) que en realidad combinan un —en el mejor de los casos— conocimiento muy general de las doctrinas cristianas con mensajes de corte "aspiracional", de autoayuda y superación personal. Con frecuencia, estos "nuevos cultos" no solo son permisivos con el enriquecimiento económico individual como forma de vida, sino que incluso lo promueven abiertamente.

Bien puede decirse que nuestra idea con respecto a la libertad sigue más bien el patrón de conducta que corresponde al del consumidor. Esto es, se trata de una libertad que solo despliego en estricto apego a mi interés y gusto personal. La libertad es, para mí, una forma más de propiedad, uno más de los "bienes" que disfruto; me pertenece solo a mí y con relación a ella únicamente yo tengo derecho a decidir. De forma tal que incluso queda a mi juicio la decisión de ejercerla o no, por ejemplo, cuando se trata

---

[28] *El Universal*, 12 de marzo de 2006, p. 7A.
[29] Fuente: Pew Search for the People & the Press, diciembre de 2004.

de los asuntos de la vida en común. No es la libertad algo que me comprometa, sino todo lo contrario: puedo entonces acudir a las urnas o no, puedo participar en los debates públicos o no, todo ello queda sujeto a mi "libre" decisión. La defensa de la libertad no se plantea ya en términos del derecho y presupuesto necesario que hace posible el despliegue de las capacidades individuales en el arte, la ciencia y la cultura; la personalidad creativa, en suma. No se plantea tampoco como requisito indispensable del juicio informado y plural, del enriquecimiento de la vida espiritual. Cabe agregar aquí que en los años de Guerra Fría la disputa por la libertad terminó también por convertirse en una mera proclama ideológica, en bandera de una de las partes en conflicto. Este mismo riesgo se corre cuando la guerra en contra del terrorismo violenta la legalidad y los derechos humanos.

Encerrados en nosotros mismos, esta libertad termina por enfrentarnos unos a otros. En realidad, la libertad de esta manera concebida no puede sino quedar vacía de contenido, no es que sea una "libertad egoísta", es que no es propiamente libertad. Resulta natural entonces que la libertad también se comercialice, y así vemos referencias a ella en marcas de ropa, por ejemplo, como en los *jeans Citizens of Humanity*. Y las conmemoraciones cívicas se vuelven oportunidad para anunciar ventas especiales de los grandes almacenes. Todo esto da lugar a una forma de experiencia de la libertad que la da por sentada, que la asume como dada: ser estadounidense como sinónimo de ser libre, así de sencillo. La libertad se nos aparece tan cotidiana, tan cercana a nosotros…

*

Los índices de abstención electoral registrados en el proceso electoral del año 2000 alcanzaron el 49.7%, lo que resulta un dato significativo con relación a la desatención ciudadana de la vida pública y la exclusiva preocupación por la esfera privada. Pero lo mismo podemos encontrar si analizamos los resultados obtenidos en los comicios pasados del 2004. Bush y Kerry lograron convocar a 55.3% de la población en edad de votar. La cifra, aunque ligeramente alta con respecto a la registrada en el 2000, sigue siendo baja si consideramos que el proceso electoral giró en torno al futuro de la guerra en Irak y en contra del terrorismo. Así, de alguna manera la propia indefinición de la sociedad civil en su conjunto contribuyó a la prolongación del conflicto que, hoy en día, continúa cobrándose vidas de uno y otro lado.

Desde luego, el proceso electoral del 2008 propició una movilización ciudadana sin precedentes y culminó con cifras históricas de votación. La noche misma del 4 de noviembre las cadenas de televisión transmitían el júbilo y las lágrimas ciudadanas que se compartían por todos lados del país. A ello contribuyeron, sin duda, la grave crisis económica que ya para entonces resultaba manifiesta y, sobre todo, la expectativa de cambio representada por el entonces candidato demócrata Barack Obama. No obstante, la tendencia general de los últimos años nos muestra a una sociedad que considera a la ciudad de Washington como algo muy alejado de sus vidas y a la política como algo necesariamente corrupto y oficio de unos cuantos que han hecho de ella su modo de vida. Y cuando los ciudadanos no se ocupan de la elección de sus gobernantes, de vigilar las acciones de su gobierno y de participar en los debates públicos de toma de decisiones, entonces la política se vuelve una esfera aún más vulnerable a los grandes intereses corporativos y económicos. Como advertía ya Jean-Jacques Rousseau, "Tan pronto como el servicio público deja de ser el principal asunto de los ciudadanos, y tan pronto como prefieren servir con su bolsa antes que con su persona, el Estado está ya cerca de su ruina".[30]

Por el contrario, y como señalábamos más arriba, lo que Tocqueville encontró en los Estados Unidos del siglo XIX fue no

---

[30] J. J. Rousseau, *Del contrato social*, Alianza Editorial, Madrid, 1998, p. 118.

solo un sistema político complejo y equilibrado en cuanto a sus funciones y organización que buscaba preservar, en distintas instancias, la voluntad de la soberanía popular, sino que encontró algo más: encontró una permanente disposición ciudadana a participar en los asuntos de interés común, la expresión de la "fuerza colectiva" de los ciudadanos en cada una de sus actividades. Encontró, en suma, lo que puede considerarse una forma de vida social y cultural democrática en la que se compartían los valores de libertad e igualdad y se ejercían efectivamente los derechos ciudadanos. Esta participación ciudadana en lo público fue, sin duda, parte del éxito en la construcción de la democracia norteamericana: "sobre todo las costumbres, les han permitido fundar y mantener la soberanía del pueblo", destacaba Tocqueville.

En la sociedad estadounidense contemporánea parecen privar la apatía y la indiferencia políticas, mientras al mismo tiempo la esfera de lo privado parece asumirse como el único espacio de lo considerado legítima y verdaderamente "libre". Así, tanto desde el ejercicio del poder que considera que se viven condiciones extraordinarias (la "guerra contra el terrorismo"), como desde la cotidianidad social misma, la esfera de lo privado parece ensancharse a costa de lo público. De esta manera, se asume lo privado como sinónimo de "libertad" y, en el caso particular del gobierno, se asume la gestión desde lo privado, desde los particulares, también como sinónimo de "eficiente". Cabe señalar aquí algunos ejemplos de lo que queremos decir. Por ejemplo, la disputa en torno al sistema de salud: si este ha de permanecer en manos públicas o si, por el contrario, debe más bien promoverse la "libre" competencia entre capitales privados. El resultado, con frecuencia, ha sido el encarecimiento de los seguros y los servicios de salud, muchas veces prácticamente inalcanzables para los ciudadanos sobre todo cuando se trata de enfermedades mayores. Por otra parte, 47% de los centros de detención donde esperan ser deportados los inmigrantes en situación irregular está bajo administración privada. Estos centros, a su vez, reciben recursos federales para el sostenimiento de los detenidos. De modo que no resulta para nada extraño que el traslado de los inmigrantes se prolongue más tiempo del necesario.[31]

Un ejemplo más que queremos destacar se refiere a la labor que desempeñan los contratistas de seguridad privada en Irak. Para el 2007, más de cien compañías de seguridad operaban en la zona proporcionando servicios armados con el objetivo de proteger el transporte de materiales de reconstrucción, incluyendo vehículos, armas y municiones para la policía y el ejército iraquíes. Del lado estadounidense, resguardaban instalaciones militares de importancia y proveían de seguridad personal a altos mandos civiles y militares.[32] En septiembre del mismo año, guardias de una de esas empresas de seguridad estuvieron involucrados en sucesos violentos y dispararon en contra de una multitud en el centro de Bagdad causando la muerte de 17 civiles iraquíes. Aún después de esos hechos la empresa logró la extensión de su contrato por un año más, según informó el mismo Departamento de Estado.[33] La ausencia de regulaciones adecuadas, junto con el afán de ganancias rápidas, explican también los millonarios fraudes financieros registrados recientemente.

Bajo estas circunstancias, en realidad el Estado renuncia a muchas de las responsabilidades que le son propias. Las consecuencias de lo anterior no son menores: cada vez más y más los espacios que tendrían que ser del dominio público pasan a ser administrados por particulares. Y ello significa que su gestión se realiza, en gran medida, a discreción, más allá del ojo público y, por tanto, más allá de las leyes, el control institucional y el escrutinio ciudadano. Lo público está, por definición, sujeto a normas (y sanciones) legales comunes reconocidas por todos, mientras que lo privado se mueve en el ámbito difuso de la discrecionalidad

---

[31] "El alto precio de estar ilegalmente en los Estados Unidos", *El País*, 11 de febrero de 2009.

[32] "Iraq contractors face growing parallel war", *The Washington Post*, 16 de junio de 2007.

[33] "El primer ministro iraquí critica la renovación del contrato a Blackwater", *El País*, 7 de abril de 2008.

de la decisión individual no inmune a lo arbitrario, sobre todo cuando se trata de un sistema político como el de Estados Unidos y los presupuestos que lo sustentan.

En el seno mismo de la sociedad, este enaltecimiento de la esfera de lo privado y de la libertad individual sin límites ha llevado también a un uso del derecho como arma arrojadiza. Ello explica la proliferación injustificada de demandas entre particulares que lo único que buscan, en realidad, son indemnizaciones monetarias, cuanto más cuantiosas mejor. Organizar una pequeña empresa, por ejemplo, se ha vuelto tarea difícil —cuando no imposible— ante el "riesgo" de que cualquier lesión de los trabajadores (real o ficticia, ocurrida dentro o fuera del área de trabajo) termine en una demanda contra el propietario y, con ello, en la potencial quiebra de la empresa misma. También, la relación médico-paciente se ha visto seriamente deteriorada por este tipo de actitudes que terminan por minar la confianza entre los ciudadanos. La demanda en favor del respeto a la libertad se ha convertido en un subterfugio para proteger los intereses arbitrarios del poder y el dinero. El ordenamiento legal-institucional que hizo posible la República, que fue concebido como instrumento fundamental para impulsar las libertades civiles y proteger los derechos individuales de todo abuso de poder (económico y/o político), que ha hecho posible el relevo pacífico en el poder, la resolución de las disputas entre particulares y el desarrollo civilizado, ha terminado por convertirse, desde la perspectiva de muchos, en un simple medio para conseguir fines egoístas.

Tom Wolfe ilustra lo anterior en su novela *Todo un hombre* (*A man in full*, 1998), donde nos ofrece un retrato de la sociedad norteamericana de hoy. Y lo que Wolfe nos presenta es sobre todo a una sociedad organizada en torno al dinero y al "poder" —político, social, cultural y hasta "moral"— que dicho dinero proporciona a quienes lo poseen. Al mismo tiempo y a través de su personaje Conrad Hensley, Wolfe presenta aquellos sectores de la sociedad indefensos y desprotegidos frente al poder del dinero. El joven Hensley, quien se empeña en llevar una vida congruente, choca con su familia, en su trabajo, ante el sistema judicial, una y otra vez. Se confronta con el mundo organizado desde el dinero, con el mundo en el que "no existen los principios". No sin ironía, Wolfe al final de su historia convierte a Hensley en un seguidor de la doctrina del estoico Epicteto: el personaje solo encuentra en el mundo de hace dos mil años una cierta guía moral. Otros temas que se abordan en la novela tienen que ver con la política y las elecciones, el racismo y la inmigración, por mencionar los principales. En todos ellos, el problema del predominio del dinero en la sociedad estadounidense constituye el eje explicativo. La obra puede también considerase, en este sentido, una reflexión de carácter social y cultural.

*

El crecimiento económico como ideología y forma de vida inserta al ser humano actual en una carrera para satisfacer sus "necesidades", mismas que se han vuelto más complejas hasta terminar por incluir, por ejemplo, a los nuevos desarrollos tecnológicos en cómputo y en las comunicaciones. Y cuando el trabajador se encuentra en el lado inferior de la cadena productiva, o por situaciones económicas en muchas ocasiones totalmente ajenas a él pierde su empleo, se inserta en una nueva forma de lucha por la sobrevivencia en la que se exacerba el individualismo por el empeño de escapar de los estragos de una crisis económica. El interés individual termina así por imponerse, de forma tal que bajo la presión de la necesidad económica por desempleo o satisfactores no cumplidos, se esfuma de la conciencia la distinción entre el bien y el mal, los principios se relativizan o bien se instrumentalizan.

La economía se ha convertido para el mundo de hoy en un fin y no en un medio. Sus imperativos alcanzan a la vida cotidiana misma de los seres humanos, a la manera en que piensan su realidad y su proyecto de vida. Lejos de ser el medio para obtener los recursos que impulsen, a su vez, el desarrollo moral, ha absorbido la totalidad de la vida de las personas y sociedades. La política misma, en muchas ocasiones no resulta sino ser un instrumento más en favor del crecimiento económico. La producción de la riqueza, no el desarrollo moral que construye al ser humano como tal y constituye punto de partida imprescindible para la posibilidad de una convivencia social civilizada, parece haberse convertido en la meta más elevada a la que se aspira. Cabe entonces reflexionar aquí en torno a las nuevas formas de vida que la preeminencia de lo económico ha conllevado. ¿Qué tipo de ser humano está surgiendo bajo estas circunstancias? No se trata ya, desde luego, del ideal del ser humano moderno con un proyecto de vida de carácter moral que quiere ver realizado y, por tanto, se esfuerza día con día por alcanzarlo. Este es, además, el supuesto indispensable sobre el que descansa la organización de las sociedades modernas. La viabilidad de dichas sociedades solo puede impulsarse con el compromiso público, solidario y crítico de seres humanos cuya primera definición es su libertad.

Se trata ahora, por el contrario, de un ser humano que vive bajo el poder de la economía en la medida en que, o bien busca satisfacer sus necesidades básicas día a día, o bien se empeña en alcanzar niveles "cada vez más altos de vida". Las personas solo tienen conciencia de lo particular, cercano e inmediato. En un caso por necesidades ingentes, en el otro por deseos individuales exacerbados. Y, bajo estas condiciones, una pregunta importante es si es posible la universalidad de la razón, lo que sin duda constituye una necesidad en un mundo cada vez más interrelacionado. La centralidad que el sector económico ha alcanzado en las sociedades actuales acaba también por determinar la vida misma de los ciudadanos. El capitalismo da lugar a formas de vida poco propicias para la solidaridad, la convivencia social y el respeto mutuo. Más bien parece enfrentar a los seres humanos en la búsqueda cotidiana de niveles mínimos —y en otros casos cada vez mayores— de bienestar económico. Bajo esta urgencia —y obsesión— el Estado, las leyes e, incluso, los propios conciudadanos aparecen como simples medios. Se trata así, no de un mero orden de y para la libertad, sino de un orden que supone una "cultura" propia, formas de vida que genera, promueve y reproduce.

La necesidad y la ambición los encierra en el estrecho círculo de su vida privada. A lo anterior debe agregarse la experiencia paradójica de un mundo ciertamente cada vez más cercano, intercomunicado. Basta un *click* y el mundo, la información y millones de potenciales interlocutores parecen a la mano, en los márgenes de una pantalla. Pero esta cercanía solo es posible a través de impersonales medios electrónicos. Se trata de un acercamiento virtual que, en realidad, busca disfrazar la profunda soledad espiritual que caracteriza al ser humano contemporáneo. La conciencia propia de la sociedad actual es, además, una conciencia volcada a lo externo, que busca siempre afanosamente fuera de sí y que, incluso, atenta a las novedades parece empeñada en buscar en ellas su realización. Difícil, en este contexto, que la conciencia se vuelva hacia lo interior, se reconstituya como persona y, con ello, ejerza su autonomía, indispensable punto de partida para su relación con los demás.

La conciencia moderna, como afirma Saul Bellow, es una conciencia reducida en la medida en que contiene solo un mínimo de ayudas que la civilización ha instalado: "juicios prácticos, líneas esenciales de moralidad, esbozos, caricaturas, en lugar de seres humanos". Se trata de una conciencia con un equipo "tan escaso, tan abstractamente humano...".[34] A esto se suma, como hemos subrayado, la implacable influencia de lo económico. La sociedad contemporánea parece otorgar así a la vida privada la mayor importancia. Pero ya no como el legítimo espacio de realización personal que, frente al Estado, corresponde a todo ciudadano, sino como el ámbito de la verdadera (y prácticamente única) libertad. El esfuerzo cooperativo en común, el logro de fines y

---

[34] Saul Bellow, *El diciembre del decano*, Debolsillo, Barcelona, 2005, p. 263.

objetivos sociales pasan a un segundo plano de importancia frente a esta apología de la vida privada.

Existe otro aspecto que queremos destacar aquí como propio de la conciencia moderna: pareciera que la conciencia ha terminado por ir cediendo espacio frente a las realidades del mundo. En este sentido, en lugar de que la conciencia libre, y con ello la voluntad del ser humano, afirmen su papel central en la configuración de las condiciones sociales de vida, pareciera que es más bien la "realidad" la que impone su ley. Hemos permitido, por ejemplo, que el mercado dicte la pauta de la política y de las relaciones entre los países del mundo. Y una consecuencia importante de lo anterior se refiere a la pasiva aceptación de la idea de que el desarrollo económico supone necesariamente una cuota de pobreza y subdesarrollo, por lo que los sectores desprotegidos aparecen como integrantes naturales de los países.

También hemos permitido que el mercado determine, incluso, el sentido y carácter de nuestras relaciones interpersonales. Así, y como ya mencionamos, el logro del éxito económico nos parece prácticamente la única forma de vida considerada valiosa y la moralidad se relativiza, con lo que los principios que se suponen rectores de nuestra vida en común terminan por guardar un lugar secundario ante la obsesión por lo económico. Por ejemplo, las nuevas formas de migración y en las que cotidianamente arriesgan su vida miles de personas parecen ahora inquietar poco la conciencia de los países involucrados. John Steinbeck, por el contrario, había ya narrado el carácter trágico de la migración al interior de los propios Estados Unidos. La razón moderna, concebida sobre todo por la filosofía como una facultad esencialmente crítica dada la nueva condición de libertad del ser humano, pareciera haber perdido precisamente esta capacidad crítica.

Se pone en riesgo de esta manera cualquier posibilidad de una cultura cívica democrática. La Constitución es un recurso útil cuando forma parte de la vida pública y de la conciencia ciudadana. Solo entonces ella constituye efectivamente el eje que ordena la vida en sociedad y puede ser incluso modificada de acuerdo con los nuevos fines y propósitos que se plantea la ciudadanía. Por su concepción misma, la viabilidad de la democracia descansa en la disposición del ciudadano para sostener instituciones fundadas en la libertad. Por lo demás, una Constitución de carácter liberal alberga ya en sí misma una tensión en la medida en que tiene por objetivo garantizar con la misma fuerza jurídica tanto los derechos de libertad, como los de propiedad. Durante el gobierno de Washington, la disputa entre Jefferson (entonces encargado del Departamento de Estado) y Hamilton (al frente del Departamento del Tesoro) en torno a la constitucionalidad del proyecto que buscaba instaurar un banco central resulta, nos parece, el testimonio elocuente de los dilemas que enfrenta una sociedad en cambio, una sociedad que en sus primeros años trata de impulsar su desarrollo económico preservando la prioridad de la política, los derechos ciudadanos y la virtud moral tanto en el orden legal, como en la conciencia pública ciudadana.[35]

Si en un país con el potencial económico y tecnológico de Estados Unidos persisten hoy en día serios problemas de desigualdad e integración que un fenómeno atmosférico puede poner fácilmente al descubierto, ello significa que el camino seguido hasta aquí no ha sido el adecuado y debiera ser, para todos, una seria advertencia. El crecimiento económico, en la manera en que lo hemos entendido hasta ahora y con la prioridad que le hemos otorgado, debiera ser reconsiderado. Y, con lo anterior, tendríamos que dar lugar también a una reflexión sobre el sentido de nuestra libertad. En efecto, una pregunta importante al respecto sería la siguiente: libertad ¿para qué? Si asumimos la libertad únicamente en el sentido de la promoción de los intereses individuales y de libre empresa, esta visión estrecha de la libertad termina por anular —como de hecho ha ocurrido— cualquier otra forma de ejercicio de la autonomía individual.

---

[35] *Cfr.*, por ejemplo, el análisis de la disputa que hace James Thomas Flexner, en su libro *Washington. The indispensable man*, particularmente las páginas 239 a 250.

Estados Unidos, en particular, tendría que dejar lo que quizás podría denominarse la "sociedad del trabajo" que históricamente se ha visto impulsada allí no solo desde la tradición liberal, sino, al mismo tiempo, por la tradición puritana que hacía del éxito en el trabajo una manifestación de la gracia divina. Las respuestas que en el futuro cercano tendrán que darse en Estados Unidos a los problemas más relevantes tendrán que ser, necesariamente, de carácter general. Es necesario, así, empezar a pensar en la sociedad en su conjunto y no solo como un agregado de esfuerzos individuales. De lo contrario, los Estados Unidos que no conocieron un pasado aristocrático o de nobleza terminarán por encumbrar (el proceso de alguna manera está en marcha) el poder económico representado por el gestor de inversiones, el promotor inmobiliario, el asesor financiero y experto en capital de riesgo, el empresario de la informática, el "gran señor de la televisión por satélite o por cable", el agente de bolsa y el directivo de medios,[36] con el serio riesgo de extremar la desigualdad social hasta cancelar la igualdad de condiciones que no solo fue condición indispensable de su desarrollo y éxito democrático, sino que constituye incluso hoy en día parte fundamental de su credo ideológico.

En la carrera vertiginosa por el crecimiento económico, conviene recordar que detrás de todo eso estamos nosotros, los seres humanos. Y ahora también la naturaleza, cuyos fenómenos atmosféricos como los huracanes de alta intensidad (Katrina) son resultado del calentamiento global. Así, somos también responsables de los recientes desastres naturales en la medida en que tienen que ver con los altos índices de emisión de contaminantes a la atmósfera —los que generan, por ejemplo, los carros y la industria, pero sobre todo los primeros— y se han agravado al encontrar en tierra serios problemas de urbanización. Replantear

---

[36] Don Delillo, *Cosmópolis*, Seix Barral, 2003. Delillo, como Tom Wolfe, ha recreado en su obra el carácter artificial, vacío y hasta absurdo de la vida en torno al dinero.

nuestra concepción actual del desarrollo económico puede tener consecuencias importantes. En primer lugar, y sobre todo, una nueva convivencia entre los países del mundo tendría lugar. Podrían incluso, con lo anterior, desactivarse muchas de las situaciones que terminan por dar origen a actos de terrorismo. Pero reconsiderar el papel de la economía en las sociedades actuales podría propiciar una relación racional, respetuosa, con la naturaleza. El ser humano desfavorecido, también, dejaría de experimentar la sensación de formar parte de una carrera sin meta clara y en la que es muy probable que resulte derrotado.

Para Estados Unidos, pero también para el mundo en su conjunto, en medio de la desesperación en torno a la necesidad del desarrollo económico (por alcanzarlo o mantenerlo), es quizás entonces el tiempo de volver a plantearnos las preguntas más básicas, como la referida a la forma de vida que queremos vivir. Y tal vez reflexionando un poco descubramos que lo que en realidad deseamos es una vida, por ejemplo, bajo un Estado de derecho garante de la ley y de la igualdad de derechos para todos; con un desarrollo económico compartido —no egoísta— que evite la fragmentación social y el enfrentamiento en la búsqueda del bienestar material y bajo relaciones de solidaridad que restituyan la confianza en los demás, la convivencia social y la búsqueda de objetivos comunes.

*

Como hemos insistido hasta aquí, las consecuencias del impacto de Katrina en la ciudad de Nueva Orleáns significaron para nosotros una primera señal de alerta en el sentido de que algo andaba mal en el país. Desde luego, otro elemento a tomar en cuenta entonces se relacionaba con una administración pública que luego del 11 de septiembre del 2001 había asumido como objetivo principal, y prácticamente único, la guerra en contra del terrorismo. De modo que las prioridades del gobierno de Bush se encontraban más allá de las fronteras, al otro lado del mundo incluso. Eso resultaba claro y determinaba así las preocupaciones nacionales, la orientación de las políticas y la definición y distribución del presupuesto público. Pero en el 2008 la crisis terminaría por estallar en el interior mismo de los Estados Unidos.

Así, al mismo tiempo en que el país vivía con entusiasmo los resultados electorales del 4 de noviembre de 2008 que llevaron a la presidencia a Barack Obama, las cifras económicas iban paulatinamente, día con día, desvelando una crisis de dimensiones tales como no se había vivido desde el crack bursátil de 1929 y la posterior Gran Depresión. De hecho, la caída de los mercados financieros, la quiebra de los bancos, la crisis hipotecaria, las cifras históricas del desempleo,[37] la baja en los índices de consumo, el futuro incierto para todos, en suma, colocaron al estado de la economía como la principal preocupación del ciudadano en tiempos de comicios. Para la opinión pública, la prioridad pasó a ser la economía, ya no la guerra. Este cambio en la percepción ciudadana contribuyó también a la elección de Obama cuyo principal reto será reactivar la actividad económica en beneficio de sus ciudadanos y del mundo en general.

En este sentido, se reclama la acción urgente del Estado, atacar agresivamente la crisis para, en primer lugar, detener la pérdida de empleos y tratar de incentivar pronto la economía. Las crisis requieren siempre de ser enfrentadas con inteligencia y rapidez. Pero los tiempos de la administración Obama serán difíciles y la recuperación necesariamente lenta. Desde nuestro punto de vista, la presente crisis rebasa su dimensión puramente económica y de la posibilidad de enfrentarla con éxito dependerá el futuro de la democracia. De alguna manera, el interés ciudadano y las instituciones democráticas corren el riesgo de verse ahogadas, nue-

---

[37] Según cifras del Departamento del Trabajo de Estados Unidos, en el año 2008 se perdieron 2.6 millones de puestos de trabajos, la peor cifra desde el fin de la Segunda Guerra Mundial. La tasa de desempleo alcanzó el 9.5% en junio de 2009.

vamente, frente al poder del dinero de las grandes corporaciones. Para nosotros, la crisis actual tiene raíces profundas. Y el colapso de la economía, así como la urgente necesidad de actuar para enfrentarla no debe ocultarnos que lo que vivimos es también, en sus orígenes, una crisis de carácter moral y no solo económico. Así nos lo muestran los sentimientos de desconcierto, derrota y temor ante el futuro que se extienden entre los ciudadanos. Pero también empiezan a manifestarse sentimientos de coraje y humillación personal ante el esfuerzo desplegado y no retribuido.

De esta manera, es necesario reconocer que a esta crisis de dimensiones históricas nos han llevado también años de individualismo exacerbado, de lógica implacable de la ganancia, de avaricia, de deseo de riqueza como objetivo que socialmente se promueve y reconoce, de abandono del ciudadano que tiene que buscar sobrevivir con sus propias fuerzas en un medio económico injusto, carente de solidaridad. Tenemos que aceptar, al respecto, que hemos construido una forma de vida alrededor de la economía, el dinero y la "riqueza". En los años recientes, el enriquecimiento rápido y fácil ha sido asumido como "valor socialmente reconocido". La avaricia se premia. Así, el número de millonarios se ha incrementado y muchos de ellos parecen asumir el negocio de hacer dinero como una especie de juego de apuestas que representa un "reto" a su "capacidad de riesgo". Parecen asumir que se involucran con un mecanismo impersonal, y no con el futuro —como nos lo ha mostrado esta crisis— de millones de personas. Al mismo tiempo, los señores del dinero se han erigido en los nuevos personajes públicos, con opiniones de autoridad de obligada consulta y objeto de admiración social generalizada.

El culto al consumo y el crédito abierto nos han llevado a construir una forma de vida más bien ficticia. Hemos dado lugar a una economía especulativa, no productiva. Si tenemos que escoger, preferimos el dinero al trabajo. Y fue más bien el trabajo lo que dio lugar a los Estados Unidos como economía fuerte y próspera.[38] En este sentido la bancarrota de la compañía General Motors, además de la catástrofe económica que significa para el país y para miles de trabajadores en Estados Unidos y en el extranjero, tendría además que constituirse en la caída de todo un símbolo: la caída de una industria innovadora en el desarrollo económico y tecnológico, la caída del trabajo productivo, esforzado, constante y en equipo. Pero podemos decir todavía más: hemos asumido el valor del dinero y del lujo como fines en sí mismos, dejando de lado el arte, la cultura y la moralidad. Lejos de cualquier forma de solidaridad entre nosotros, lo que está en crisis es la posibilidad misma de una sociedad civilizada y justa.

---

[38] Trabajo, frugalidad y prudencia son el camino a la riqueza, aconsejaba Benjamin Franklin, quien además consideraba al trabajo como medio de distinción.

El futuro posible

1. La extensión de los derechos

Lincoln fue nuestra gran alma
Saul Bellow, *Todo cuenta*

La Declaración de Independencia que constituyó a los Estados Unidos en sociedad libre, soberana e independiente se abre con el principio de que *todos* los seres humanos han sido creados iguales y el Creador les ha otorgado ciertos derechos inalienables entre los que están el de la vida, la libertad y la búsqueda de la felicidad.[1] Para asegurar dichos derechos, continúa, los hombres han constituido gobiernos. En el texto, se argumenta además que la permanente violación de esos derechos por la corona inglesa justifica el derecho y el deber de terminar con el gobierno existente a fin de instaurar uno nuevo. No obstante, durante el proceso de redacción del documento la comisión encargada pronto tomó conciencia de una gravísima situación: ¿cómo compaginar esta declaratoria de derechos inalienables con la existencia de una gran cantidad de población esclava? El problema, sin embargo, se dejó de lado al atribuir el origen del esclavismo a Inglaterra. Así, la organización jurídica misma de Estados Unidos como sociedad independiente y, por tanto, el primer acto que autónoma y conscientemente llevaron a cabo los miembros de las colonias para tomar el destino en sus manos, dejó de lado este problema convirtiéndose en un estigma para una sociedad que se reclamaba democrática. Los documentos fundadores de la nueva democracia —la Declaración de Independencia y la Constitución— no contenían referencias claras que pusieran fin al problema del esclavismo.

---

[1] "We hold these truths to be self-evident, that all men are created equal, that they are endowed by their Creator with certain unalienable Rights, that among these are Life, Liberty and the pursuit of Happiness".

Un punto de vista que debemos destacar es el de James Madison en su comentario de defensa del proyecto constitucional. Madison, en efecto, al señalar en 1788 los nuevos poderes que corresponderían al gobierno federal afirma la facultad de prohibir la importación de esclavos después de 1808 y, mientras tanto, la facultad también de imponer un derecho de diez dólares por cabeza como medio de desalentar ese tipo de importaciones. Más adelante, Madison sugiere que lo deseable habría sido acabar con dicha importación inmediatamente y continúa:

Debería considerarse como una gran victoria en favor de la humanidad el que en un período de veinte años sea posible terminar para siempre con un tráfico cuya barbarie ha sido tanto tiempo y tan fuertemente echada en cara a la política moderna; el que durante ese período será desalentado poderosamente por el gobierno federal y el que puede ser abolido totalmente al convenir, los pocos Estados en que continúa este tráfico antinatural, en el ejemplo que les ha dado la mayoría de los miembros de la Unión al prohibirlo. ¡Qué dichosos serían los desgraciados africanos si tuvieran la misma perspectiva de escapar a la opresión de sus hermanos de Europa![2]

En realidad, la esclavitud no sería abolida sino hasta 1863, pero el problema no habría de concluir en ese momento.

El nuevo orden de instituciones y procedimientos judiciales, cuyo objetivo principal era precisamente garantizar las libertades individuales, dejaba entonces desprotegido a un amplio sector de la sociedad estadounidense. La literatura de la época (obras clásicas como, por ejemplo, *La cabaña del tío Tom*) constituye un testimonio ejemplar sobre cómo la posibilidad de sobrevivencia —que no necesariamente de libertad— de la población esclava de la época radicaba no en las garantías de la ley, sino en la bondad personal que, con buena suerte, podían encontrar en alguno de sus propietarios. Los primeros años de vida independiente, el posterior desarrollo de Estados Unidos como país soberano fue,

---

[2] *Cfr.* A. Hamilton, J. Jay y J. Madison, *El federalista*, FCE, México, 1994, p. 178.

en muchos sentidos, un estira y afloja entre el norte y el sur con esta última región empeñada en defender la continuidad del esclavismo. Lo anterior hasta mediados del siglo XIX, cuando Abraham Lincoln consideró la esclavitud como una afrenta a la dignidad natural de las personas.

Estados Unidos vivió entonces lo que incluso hasta ahora se ha considerado la peor crisis de su historia: una guerra civil que amenazaba con terminar con la Unión y, por lo tanto, con la vida de la joven democracia, la primera del mundo moderno. El origen del enfrentamiento se encontraba precisamente en uno de los problemas no resueltos con la Independencia y su Constitución: el esclavismo. Y la actitud ante esta situación del entonces presidente Lincoln resulta sin duda aleccionadora hoy en día: Lincoln estuvo en contra tanto del esclavismo como de la escisión de la Unión. En efecto, él consideraba el esclavismo como una afrenta contra la dignidad natural de la persona, una afrenta además que, de tolerarse, podría después extenderse a otros sectores de la población. Desde su perspectiva, ese problema ponía incluso en riesgo el futuro de la nación:

> Me parece que nuestro progreso hacia la degeneración es bastante rápido. Como nación comenzamos por declarar que "todos los hombres han sido creados iguales". Ahora se nos dice que, en realidad, "todos los hombres han sido creados iguales, excepto los negros". Cuando el partido de los *Know Nothing* llegue al poder nos dirá que "todos los hombres han sido creados iguales, excepto los negros, los extranjeros y los católicos". Si esto ocurre, no vacilaré en emigrar a algún país en el que no se declame el amor a la libertad; a Rusia, por ejemplo, donde el despotismo es abierto y no está teñido de hipocresía.[3]

---

[3] Paul Johnson, *Estados Unidos: la historia*, Javier Vergara Editor, Barcelona, 2001, p. 415.

Lincoln consideraba también al esclavismo como contradictorio con uno de los principios constitucionales fundadores: el de autogobierno.

Al mismo tiempo fue siempre un firme defensor de la Unión. En este sentido, desde el inicio del conflicto Lincoln tuvo claro que el futuro de la Unión se cifraba en su continuidad y no en su ruptura; asimismo que la separación del sur significaría el fin de Estados Unidos como nación. Cabe destacar aquí su discurso "La casa dividida", pronunciado en Springfield, Illinois, el 16 de junio de 1858. En esa ocasión, Lincoln sostuvo que una "casa dividida en contra de sí misma no puede sostenerse" y "Yo creo que este gobierno no puede perdurar, permanentemente mitad esclavo y mitad libre". Lincoln logró mantener unida a la República y enfrentó el problema del esclavismo desde los valores fundacionales del país. Su posición ante el esclavismo debiera resultar ahora, sin duda, sumamente aleccionadora. En primer lugar, su punto de vista se sostenía en la firme convicción moral de que el sometimiento constituía una afrenta a la dignidad de las personas. Discriminación, además, que podía también aplicarse a otros sectores de la población con pretextos igualmente arbitrarios (en este caso el color de la piel, pero también la religión, la situación económica, etcétera). Los derechos, así, debían ser iguales para todos. Y, en este sentido, Lincoln era también un convencido en torno a las garantías jurídicas que debían proteger a la totalidad de la población. Desde su perspectiva, Estados Unidos tenía en ese tiempo que constituirse —finalmente— en una sociedad verdaderamente libre, y un recurso indispensable para ello era la Constitución que debía asumirse no como un mero sistema formal de derechos, sino como un instrumento de la democracia.

*

Vale la pena abundar en la forma en que Abraham Lincoln enfrentó el problema de la esclavitud. Como hemos visto, su convicción moral en el sentido de que la esclavitud constituía una afrenta a la dignidad natural de la persona era clara: consideraba a la esclavitud una "monstruosa injusticia" y por la que se negaba la "humanidad del negro". Hacia el final de su vida siguió insistiendo en su oposición a la esclavitud: "Soy por naturaleza antiesclavista. Si la esclavitud no es injusta, nada es injusto. No puedo recordar cuando no pensaba y sentía así".[4] El problema, no obstante, era que la esclavitud era una realidad en la Unión, particularmente en el sur, donde había además voces importantes que se manifestaban en favor de su expansión. Por otra parte, la situación no era tampoco nada fácil dadas las amenazas de secesión sureña en caso de abolición. Así, la Unión se encontraba en serio riesgo. Y, para Lincoln, el futuro de esta era tan importante como la abolición de la esclavitud. La posición del presidente Lincoln, con relación a ambos problemas, era innegociable. La única solución posible era, entonces, aquella que hiciera posible tanto el futuro de la Unión manteniendo su configuración política como, al mismo tiempo, la libertad de los esclavos.

A lo largo de su vida, el abogado Lincoln siempre pensó el problema en el contexto de la naciente tradición político-legal de Estados Unidos, sobre todo con respecto a la forma en que los propios padres fundadores habían afrontado el problema. En una larga reflexión en torno a los padres fundadores y el problema de la esclavitud, Lincoln busca demostrar que quienes dieron origen a Estados Unidos se oponían, en su mayoría, a la esclavitud, y terminaron por circunscribirla a los más estrechos límites de necesidad. Lincoln, en este caso parafraseando a su rival el senador Douglas, sostuvo que sí, que en efecto los padres fundadores habían entendido esta cuestión "mejor que nosotros". Lincoln asumió así la esclavitud como un problema no resuelto que había

---

[4] "Carta a Albert G. Hodges del 4 de abril de 1864", en *The portable Abraham Lincoln*, Andrew Delbanco (ed.), Penguin Books, 1992, USA, p. 302.

que superar con el espíritu de libertad que guiaba al país y la experiencia política hasta entonces alcanzada.

Finalmente, y con la guerra civil en marcha, el 22 de septiembre de 1862 el presidente Lincoln hizo pública la Proclamación de Emancipación que habría de entrar en vigor el 1 de enero de 1863. De acuerdo con el documento quedaban en libertad todos los esclavos de todos los estados o regiones de los estados y el Poder Ejecutivo de los Estados Unidos —incluyendo sus autoridades militares y navales— se comprometía a reconocer y mantener la libertad de esas personas. Con la proclamación, Lincoln hacía valer los poderes que le confería la Unión en su calidad de autoridad máxima, hacia valer aquellos poderes establecidos y defendidos por Hamilton, Madison, Jefferson, Washington. El acto de proclamación de la libertad era, para Lincoln, "un acto de justicia, garantizado por la constitución".[5] Es en este caso certera la afirmación de que Lincoln en realidad solo buscaba culminar la tarea de los padres fundadores.[6]

Es importante finalmente dejar constancia de la preocupación que ya el propio Lincoln experimentó con respecto al conflicto entre los intereses privados y la democracia estadounidense. Muy pronto, hacia 1838, Lincoln advertía sobre las consecuencias que tendría para el país la posible quiebra de la legalidad institucional, misma que él veía en serio riesgo con el incremento de ciertos actos como la disposición a sustituir el juicio de las cortes por "las pasiones furiosas y salvajes", así como los ministros de justicia por "la muchedumbre". En su discurso de 1856 en contra del Acta Kansas-Nebraska, Lincoln afirmó también que la esclavitud enfrentaba a "muchos seres humanos buenos" con los principios

---

[5] "Final emancipation proclamation", en *The portable Abraham Lincoln...*, p. 272.

[6] Andrew Delbanco, por ejemplo, sintetiza en los siguientes términos la actitud de Lincoln con respecto a la esclavitud: como candidato a la presidencia, se asumió protector del trabajo de los padres fundadores; como presidente en guerra, como quien tenía que culminarla. *The portable Abraham Lincoln*, p. xxvi.

fundamentales de la libertad civil, criticando la Declaración de Independencia e insistiendo "en que no hay principio correcto de acción sino solo el auto-interés".[7] En el mismo discurso Lincoln lamentaba que Estados Unidos estaba abandonado su vieja fe, por una nueva: hace casi ochenta años declaramos que todos los seres humanos habían sido creado iguales; ahora en cambio, señaló, declaramos que para algunos seres humanos esclavizar a otros es "un derecho sagrado de auto-gobierno".[8]

No obstante, Lincoln mantuvo siempre sus esperanzas en torno a Estados Unidos como un país libre, democrático, unido y en paz. Podría decirse que, dadas las circunstancias de conflicto que entonces persistían, se trataba más bien de una esperanza fundada en la promesa e impulsos morales que habían dado lugar a la nación: nuestros padres, afirmó en el cementerio de Gettysburg, Pennsylvania, el 19 de noviembre de 1863, trajeron a este continente una nueva nación, concebida en libertad y dedicada a la idea de que todos los hombres han sido creados libres. Nos queda a nosotros, dijo, dedicarnos a la tarea inacabada que los combatientes han avanzado. Nos queda dedicarnos a la gran tarea que tenemos por delante: "nosotros decidimos aquí que estas muertes no serán en vano —que esta nación, con Dios, tendrá un renacimiento de la libertad— y que el gobierno del pueblo, por el pueblo y para el pueblo no perecerá de la tierra". Todavía en lo que serían los últimos días de su truncada vida, Lincoln persistía en la reconciliación. Concluía así el discurso inaugural de su segundo período con un llamado a sus conciudadanos (y también a sí mismo) para que, "sin malicia hacia nadie, con caridad para todos, con firmeza en lo justo como Dios nos permite ver lo justo", se esforzaran en terminar la tarea en que se encontraban, en cerrar las heridas del país, en hacer todo lo que les llevara a

---

[7] *Ibid.*, p. 50.
[8] *Ibid.*, p. 74.

alcanzar una paz justa y duradera "entre nosotros mismos y con todas las naciones".[9]

*

En 1865, con el fin de la guerra civil y después de la muerte de Lincoln, el Congreso aprobó la Decimotercera Enmienda que en su primer artículo prohíbe la esclavitud y el "servicio involuntario" (excepto en casos criminales y luego de haber sido condenados en el debido proceso) en todo el territorio de los Estados Unidos "o cualquier otro lugar que esté bajo su jurisdicción". El segundo artículo facultó al Congreso a hacer cumplir este primer artículo "mediante la legislación correspondiente". Lincoln no vivió para ver la aprobación de esta enmienda, pero estuvo empeñado en lograr la liberación de los esclavos y asegurarles el derecho a votar. Lincoln también habría estado en favor del espíritu de la Decimocuarta Enmienda —adoptada poco tiempo después— que liquidó la cuestión inconclusa de la guerra civil y en la que se establecía la autorización a los exrebeldes para desempeñar cargos públicos y se resolvían las deudas en que había incurrido la Confederación. Sobre todo, se disponía también que todos los ciudadanos de Estados Unidos (nativos o naturalizados) eran política y judicialmente iguales, y se consideraba inconstitucional a cualquier estado que "negare a cualquier persona que viva en su jurisdicción la protección que emana de las leyes". Esta importante disposición constitucional permitió llevar a cabo la política de justicia a la población negra que impulsaba Lincoln y, con el tiempo, se convirtió en la base de la supresión de la segregación en el sur.[10]

Como concluye el propio Paul Johnson, no obstante, el fin de la Guerra civil resolvió el problema de la esclavitud en Norte-

---

[9] *Ibid.*, p. 321.
[10] P. Johnson, *Estados Unidos: la historia*, pp. 468-469.

américa y dio comienzo al problema de la discriminación. Y, en efecto, el reconocimiento de su personalidad jurídica y condición de ciudadanía habría de continuar enfrentándose, día con día, a las prácticas discriminatorias de buena parte del resto de la sociedad estadounidense. Toni Morrison, en una de sus siempre intensas novelas ha buscado recrear el mundo afroamericano de los años inmediatamente posteriores a la Guerra civil. Se trataba —nos ilustra— de vidas fugitivas, en permanente huida. Sethe decide acabar con la vida de su hija —a quien paradójicamente le ha puesto el nombre de "Beloved"— antes de que ella también sufra el destino inevitable de la esclavitud. La huida terminaba por transformarse en una huida de la vida misma. Era un tiempo en que para la población afroamericana la libertad se concedía o se compraba. Y la condición de "ser humano" solo podía asumirse desde el reconocimiento que de ello hicieran los blancos. Sin duda, una novela como la de Morrison ambientada tiempo atrás no solo busca testimoniar una época pasada, probablemente superada, sino también constituirse en un espejo de la realidad contemporánea.

La década de los años sesenta del siglo XX representa otro de los momentos claves en el desarrollo del problema que nos ocupa. El reclamo, en este caso, era en favor de sus derechos civiles, en particular a la educación y al voto. Como se recuerda, dicho movimiento se inició el 1 de diciembre de 1955 cuando Rosa Parks, afroamericana de Alabama, se negó a ceder su asiento de autobús a un hombre blanco en la ciudad de Montgomery. Como la ley así lo consignaba, Parks fue arrestada y multada con catorce dólares. El hecho desató un boicot al transporte público por parte de los usuarios afroamericanos que duró más de un año y dio lugar también a la creación de la Asociación por el Desarrollo de Montgomery. De aquí surgió Martín Luther King.

*

En 1963, Martin Luther King pronunció su célebre discurso "I have a dream". Se trató de un acto lleno de simbolismo: una multitud congregada en Washington y King al pie del monumento a Lincoln, precisamente cuando se cumplía el centenario de la Proclamación de la Emancipación. Cien años después, advertía King al inicio de su intervención, el "Negro no es aún libre", lleva una vida atada por la segregación y por cadenas de discriminación, vive en una "isla de pobreza en medio de un vasto océano de prosperidad material"; cien años después —continuó— "el Negro aún languidece en los rincones de la sociedad americana y se encuentra exiliado en su propia tierra".[11] Esta difícil situación que representaba una tarea pendiente para Estados Unidos y, todavía más, una clara situación de injusticia que se había prolongado a lo largo de los años, llevó entonces al propio King a exhortar a la multitud congregada a la lucha en favor del reconocimiento de sus derechos civiles. Pero lo hacía llamando a la protesta pacífica, sin violencia física, sin odio ni amargura, sin un enfrentamiento con los "hermanos blancos". Al igual que Lincoln, un siglo después King consideraba que el futuro de la nación pasaba por la urgente necesidad de enfrentar, y sobre todo de resolver de una vez por todas, esta condición de injusticia: no habrá descanso ni tranquilidad en América, dijo, hasta que le sean garantizados al negro sus derechos de ciudadanía. La revuelta continuará "cimbrando los fundamentos de nuestra nación hasta que surja la luz brillante de la justicia".

Un poco más adelante, luego de recordar las diversas formas de discriminación que padecían como la negación de servicios, la vida en los *ghettos* e incluso el encarcelamiento por la lucha en favor de los derechos, King pronunció sus ya célebres frases,

---

[11] Martin Luther King Jr., "I have a dream", en *Major problems in American history since 1945. Documents and essays*, Robert Griffith (ed.), Heath and company, Lexington, D. C., 1992, p. 361.

entre las que conviene destacar las siguientes: a pesar de que habremos de enfrentar las dificultades del hoy y del mañana, "yo aún tengo un sueño". El sueño, dijo, de que en Georgia los hijos de los esclavos y los hijos de los dueños de esclavos podrán sentarse juntos en una mesa de hermandad. El sueño de que incluso el estado de Mississippi, un estado lleno de injusticia y opresión, será transformado en un oasis de libertad y justicia. El sueño de que mis hijos algún día vivirán en una nación en la que no serán juzgados por el color de su piel, sino por su carácter. El sueño de que en Alabama, "con sus vicios racistas... precisamente allí en Alabama", niñas y niños negros jugarán con niñas y niños blancos.[12] Esta es nuestra esperanza, con esta fe regreso al sur, concluyó. Se trataba, para King, de una fe que les permitiría trabajar juntos, rezar juntos y, en suma, luchar juntos sabiendo que "algún día seremos libres".

Lo que entonces reclamaba King era volver realidad, para la población negra, las promesas de la democracia. El llamado a la protesta pacífica era una manera de hacerse escuchar a través de los propios medios de la democracia. No se trataba de romper con las estructuras político-legales, ni de confrontarse violentamente con sus semejantes, sino de reclamar condiciones iguales de libertad y justicia para todos. Y King, como Lincoln, sustentaba su posición y su lucha en la propia tradición democrática norteamericana, en sus documentos fundacionales como la Constitución y la Declaración de Independencia. Así, su sueño era un sueño profundamente enraizado en el sueño americano de que algún día "esta nación se levantará y vivirá el verdadero significado de su credo —sostenemos estas verdades como autoevidentes, que todos los hombres son creados iguales".[13]

---

[12] Vale la pena tener presente la referencia de King tanto a Mississippi como a Alabama, dos de los estados afectados ahora por Katrina o más bien, cabe decirlo, por la injusticia que fue finalmente la que terminó por potenciar los efectos del fenómeno atmosférico. *Cfr.* "I have a dream", ed. cit, p. 363.
[13] *Idem.*

El objetivo de King era, efectivamente, un sueño originado en la propia tradición política y legal de los Estados Unidos, en los ideales y principios normativos que justificaron la lucha por su independencia y dieron lugar a su organización como nación libre e independiente. Una sentencia judicial de 1954 se pronunció en contra de la segregación en las escuelas. En 1956, la Suprema Corte defendió una corte de distrito que declaraba inconstitucionales las leyes estatales y locales de Alabama que exigían la segregación en los autobuses. En 1964 se proclamó el Acta de derechos civiles y en 1965 el Acta de derecho al voto, dos leyes federales que proscribían la segregación, la discriminación en el trabajo y las prácticas que impedían la votación afroamericana. Es también en este contexto de una larga lucha en favor del reconocimiento de sus derechos que tiene que asumirse la relevancia de la elección presidencial de Barack Obama pues, luego de ella, los afroamericanos han probado la plena vigencia de sus derechos políticos, así como su reconocimiento ciudadano.

2. Libertad e igualdad. La redefinición de las tareas del Estado

La historia política de los Estados Unidos en tanto nación independiente puede ser considerada desde los principios modernos de libertad e igualdad. La lucha por la libertad fue su primer impulso, lo que les dio origen y podría decirse que esta lucha se prolongó todavía hasta el siglo XX, antes de la Gran Depresión. Un momento importante de esta lucha por la libertad lo constituyó, desde luego, la Guerra Civil y la Proclamación de la Emancipación que terminó legalmente con la esclavitud. Luego de estos años, la promesa de libertad se extendía así hasta alcanzar a la población afroamericana. Con la profunda crisis económica que estalló en 1929, el Estado norteamericano asumió la necesidad de jugar un papel positivo en el orden capitalista buscando enfrentar las desigualdades del mismo. Se asumía así, de alguna manera, la injusticia del desarrollo capitalista y la necesidad, por tanto, de acudir en ayuda de aquellos que habían quedado fuera de sus beneficios económicos. Ante la nueva situación de crisis, la mera igualdad ante la ley parecía una reivindicación insuficiente para una sociedad de "hombres libres e iguales" que se reclamaba democrática. De esta manera, al aceptar la nominación presidencial por el Partido Demócrata en 1932, F. D. Roosevelt se comprometió con un "nuevo trato" (*New Deal*) para el pueblo americano.

En particular, la Gran Depresión arrojó entonces a grandes masas de la población estadounidense a la pobreza. Muchos de ellos, además, se vieron forzados a emigrar al interior del propio país en busca de nuevas oportunidades de trabajo. Se trató de una desesperada y dolorosa emigración por hambre. Así lo ha recreado paradigmáticamente John Steinbeck en su obra *Las uvas de la ira*.

> Y entonces los desposeídos fueron expulsados hacia el Oeste. Desde Kansas, Oklahoma, Texas, Nuevo México; las familias, las tribus, se vieron expulsadas desde Nevada a Arkansas por el polvo de los tractores. Caravanas de coches cargados de seres hambrientos y sin hogar; veinte mil, cincuenta mil, cien mil y doscientos mil. Se lanzaron por las montañas, hambrientos e inquietos... inquietos como hormigas apresuradas, buscando trabajo –para levantar, empujar, tirar, recoger, cortar–, cualquier cosa, cualquier carga que soportar, por un poco de pan. "Los niños tienen hambre. No tenemos dónde vivir." Como hormigas que tratan de encontrar trabajo, un poco de alimento, y, más que nada, un pedazo de tierra.[14]

Los Joad —protagonistas del relato— parten desde Oklahoma hasta California en busca de trabajo y con el sueño de poder tener una casa. Luego de un largo viaje, van de un lado a otro al interior del propio estado de California enfrentando ya las injusticias del

---

[14] John Steinbeck, *Las uvas de la ira*, Ediciones Nacionales Círculo de Lectores, Bogotá, 1979, p. 267.

desarrollo económico: la vida precaria en los campamentos de emigrantes, los capitales que se acumulan en pocas manos, las largas jornadas de trabajo —cuando lo encuentran—, la remuneración insuficiente para satisfacer necesidades mínimas. El desarrollo industrial y el imperativo de la ganancia imponen nuevas y paradójicas formas de producción que terminan por implantar también nuevas formas de relación social:

> La gente fue al río con redes para pescar las patatas y los guardias los hicieron volverse; llegaron en sus desvencijados coches para recoger las naranjas tiradas, y las encontraron empapadas de petróleo. Y se quedan quietos viendo flotar las patatas, escuchan los chillidos de los cerdos cuando los descuartizan para cubrirlos de cal, ven cómo se provoca la putrefacción de las naranjas; y en los ojos de la gente hay una expresión de fracaso, y en los ojos de los hambrientos hay una ira que va creciendo. En sus almas las uvas de la ira van desarrollándose y creciendo, y algún día llegará la vendimia.[15]

Originalmente una sociedad de pequeños agricultores, las nuevas condiciones convierten en "nadie" a quien no tiene propiedad. Y los expulsados se sienten perseguidos y enfrentan odio y discriminación como resultado de la nueva lucha que todos, sí todos, tienen que enfrentar por subsistir. Los Joad tuvieron que dejar su casa y su tierra, pues el banco los había adquirido. En el camino además tuvieron que enterrar a los mayores, muertos al no poder soportar la nueva situación.

La crisis daría origen al denominado "Estado de bienestar". La economía, se tuvo que reconocer, no respondía al equilibrio natural que se suponía resultaba de la libre competencia entre las fuerzas del mercado y era necesario entonces dar lugar a una economía regulada.[16] El gasto federal fue reorientado de esta manera al impulso del desarrollo económico y, en particular, del bienestar social. Surgieron así políticas como las de seguridad

---

[15] *Ibid.*, p. 398.

[16] Cuestión que por cierto pronto pareció olvidarse, como lo muestra la crisis que ahora (2009) vivimos.

social, el seguro del desempleo, el subsidio al campo, el apoyo a la educación. Lo que conviene destacar aquí es la manera en que la sociedad norteamericana, en un momento de su historia y luego de los altos índices de desarrollo económico que había alcanzado, decidió enfrentar la crisis y reorganizarse en torno a sus principios que, reinterpretados a la luz de la nueva situación, permitían ahora también medidas político-legales para combatir la injusticia y la desigualdad. El *New Deal* convocó e involucró a la sociedad en su conjunto: a los tres poderes de gobierno, a los empresarios e, incluso, a los intelectuales.

A este impulso en favor de la igualdad responderían también programas públicos como el de la "Gran sociedad" de la década de los sesenta. Es en esos años, en efecto, en que es posible encontrar uno de los principales programas de combate a la pobreza que a lo largo del siglo XX se implementaron en Estados Unidos. Concebido todavía bajo la idea del *New Deal* y favorecido además por la paz alcanzada luego de la Segunda Guerra Mundial y el crecimiento económico que ella hizo posible en Estados Unidos, el proyecto de la "Gran sociedad" buscaba utilizar el poder del gobierno federal para corregir las desigualdades sociales, así como garantizar un rango mínimo de bienestar para cada ciudadano. De acuerdo con Lyndon B. Johnson, Estados Unidos tenía entonces "el poder de dar forma a la civilización que queremos". En un discurso pronunciado ante el Congreso en 1964, Johnson anunció también que "por primera vez en nuestra historia, es posible acabar con la pobreza". Para ello declaró una "guerra incondicional contra la pobreza".[17] Se pusieron en marcha leyes, decretos y acciones administrativas en aspectos como el educativo, ambiental, de vivienda, desarrollo urbano y cultural, todos con el objetivo de afrontar el problema de la pobreza.

Es importante recordar que es en los sesenta cuando se agudiza la lucha en favor de los derechos civiles. Para esos años también, como vimos, autores como Harrington y Galbraith habían

---

[17] P. Johnson, *Estados Unidos: la historia*, p. 738.

alertado ya en torno a la "otra América" que convivía al lado de amplios sectores de prosperidad y a la opulencia privada que persistía en medio de la pobreza pública. El porcentaje de norteamericanos que vivía por debajo de la línea de pobreza cayó paulatinamente del 22.4% en 1959 a prácticamente el 13% en 1970. En particular, durante los años de la "Gran sociedad" el porcentaje de pobreza se redujo del 18 al 13% entre 1964 y 1968. Las políticas de "acción afirmativa" (vigentes aún) forman parte también del programa en favor de asegurar mayores condiciones de igualdad, en este caso destinado a favorecer el desarrollo económico, educativo y profesional de grupos considerados minoritarios, como los hispanos y los afroamericanos, pero también las mujeres.

Lo que queremos destacar aquí con respecto a estos dos periodos de la historia estadounidense —el *New Deal* y el combate a la pobreza de los sesenta—, es la capacidad de la sociedad para reconocer el serio problema que se presentaba, así como la disposición a enfrentarlo con una visión generosa sustentada en sus principios constitutivos como nación. Lo importante, desde nuestra perspectiva, es el nuevo consenso que surgió entonces entre la sociedad norteamericana en torno a la necesidad del combate a la pobreza y, con ello, el nuevo esfuerzo que en su conjunto, poderes públicos y sociedad, llevaron a cabo para enfrentarla. Los recursos legal e institucionales necesarios para afrontar la situación encontraron nuevamente en los documentos fundacionales de Estados Unidos respaldo político y moral. Ello de forma tal que el Estado mismo pudo asumir como tareas propias la promoción de la dignidad y la seguridad para todos.

*

El desarrollo capitalista no solo parece necesariamente traer aparejado la desigualdad en la medida en que propicia la acumulación de riqueza con la formación de monopolios y grandes corporaciones, sino que las consecuencias de lo anterior terminan por reflejarse de manera abierta en la organización del poder político mismo: en el caso de algunos países, por la necesidad que se tiene de recurrir a los grandes capitales para impulsar el desarrollo y, en otros, prácticamente en todos, por la corrupción que se generaliza. El poder público corre así el serio riesgo de quedar en manos de unos cuantos, de quienes buscan afanosamente impulsar sus intereses económicos, su riqueza.

Como ha concluido William H. Chafe al hacer un balance sobre la lucha afroamericana en Estados Unidos, el reconocimiento de sus derechos civiles ha sido exitoso en la medida en que este reconocimiento es compatible con los tradicionales valores de individualismo y competitividad. Sin embargo, Chafe recuerda que la posición del movimiento encabezado por Martin Luther King buscaba además una profunda transformación de las estructuras socioeconómicas del país que hiciera posible una redistribución del poder político y económico. Se asumía así el vínculo indisoluble entre libertad e igualdad social y económica; una igualdad imprescindible para el pleno ejercicio de las libertades. Para Chafe, en este aspecto el movimiento ha sido infructuoso; las estructuras no han sido transformadas,[18] como pudimos atestiguarlo en 2005 luego del paso de Katrina. De acuerdo con datos del Departamento de Justicia en su división de derechos civiles, el Acta de derecho al voto de 1965 permitió cerrar la brecha entre el voto blanco y el negro 23 años después. En Alabama, para marzo de 1965 el 19.3% de la población negra estaba registrada para votar, frente al 69.2% de la blanca. Años después, en 1988 estos porcentajes se incrementaron hasta 68.4% y 75% respectivamente. En Louisiana, los índices de registro cambiaron del 31.6% de la población negra en 1965 al 77.1% en 1988, mientras que el porcentaje blanco cambió del 80.5 al 75.1% en el

---

[18] *Cfr.* "The african-american struggle as an unfinished revolution" de William H. Chafe, en R. Griffith (ed.), *Major problems in American history...,* pp. 384-398.

mismo periodo. Finalmente, en Mississippi el sector negro registrado era del 6.7% en 1965 y del 74.2% en 1988 y el blanco del 69.9% en 1965 al 80.5% en 1988. No obstante, este incremento de la presencia negra en la política estadounidense no parece haber sido suficiente para hacer escuchar su voz.

Y quizás conviene aquí también llamar la atención con respecto al 21.9% de hispanos que viven en la pobreza, porcentaje que, al igual del correspondiente a la población afroamericana (24%), supera el 12.7% de la población total que vive en promedio en condiciones de pobreza (US Census, National Poverty Center, Second Harvest). En este caso, la pobreza de los hispanos está sin duda vinculada a la condición de migrantes que guarda la mayoría de ellos y, en este sentido, a la desventaja que ello supone al incorporarse al mercado de trabajo en una situación también muchas veces de baja calificación laboral. Todo lo anterior determina sus (escasas) posibilidades de ascender en la escala económica.

La persistencia de la pobreza en Estados Unidos nos obliga a considerar así que el desarrollo económico capitalista que vivimos ha generado una situación que crea, al mismo tiempo, círculos de reproducción de la riqueza y círculos de reproducción de la miseria: en el primer caso, los recursos acumulados permiten ampliar las posibilidades de control de los mercados —al, por ejemplo, incorporar nuevos sectores imprescindibles para la producción— mientras que, en el segundo caso, quienes han crecido en el seno de familias disfuncionales y empobrecidas muy probablemente no podrán acceder a niveles altos de educación y, con ello, la falta de calificación los mantendrá alejados de empleos adecuadamente remunerados. Como puede verse, el "sueño americano" no es compartido por todos y supone mucho más que el mero esfuerzo individual.

3. La hora del ciudadano

En el desarrollo de la teoría política que terminó por configurar los supuestos normativos de la sociedad moderna, el liberalismo surgió como el reclamo al respeto a los derechos naturales a la vida, la libertad y la propiedad que corresponden a la persona. Este reclamo iba dirigido tanto al gobierno como a la sociedad misma y dio lugar a la idea de Estado de derecho, al ejercicio del poder limitado por la ley y por los derechos individuales. Como señalamos más arriba, son derechos naturales inalienables —en este caso a la vida, la libertad y la búsqueda de la felicidad— los que se invocan en las primeras líneas de la Declaración de Independencia de los Estados Unidos, los que justificaron el movimiento revolucionario y, como hemos insistido también, los que dieron forma a sus documentos e instituciones fundacionales.

Como parte de sus supuestos normativos, el liberalismo del siglo XVII asumía además la idea de un estado de naturaleza prepolítico en el que los individuos gozan de dichos derechos naturales a la vida, la libertad y la propiedad. Pero la ausencia de un poder común vuelve insegura la vigencia de estos derechos, con lo que el liberalismo asumió también la idea de un contrato como origen de la sociedad política. Por dicho contrato, los individuos aceptan condiciones comunes de asociación y, en particular, la instauración de un orden legal institucional como norma de la vida pública. La teoría liberal hizo posible, desde luego, los límites al ejercicio del poder y la concepción, en consecuencia, de un poder responsable ante individuos libres e iguales y que gozan de derechos naturales inalienables. El poder político, bajo esta perspectiva, surge solo del consentimiento de quienes deciden regular su vida en común y tiene como único objetivo la preservación precisamente de aquellos derechos naturales a la vida, la libertad y la propiedad que en solitario no pueden salvaguardar las personas.

No obstante, tan pronto como en el siglo XVIII la crítica al liberalismo puso en evidencia las insuficiencias de la teoría. Y, en este caso, la posición de Rousseau habría de trasladar el énfasis en el análisis de un estado de naturaleza prepolítico al estado social mismo. Desde su punto de vista, es sobre todo la propiedad la que establece condiciones de desigualdad entre los hombres, con lo que se vuelve necesaria una concepción distinta del contrato de asociación y, así, la refundación de las sociedades bajo nuevas condiciones de libertad e igualdad. La soberanía, para Rousseau, es inalienable, y con el gobierno no hay contrato sino que se trata de una mera comisión revocable. Es esta la idea de la "voluntad general", uno de los conceptos claves de su teoría y con ella Rousseau se refiere a la voluntad común —no la mera suma de voluntades individuales— que surge del contrato de asociación en condiciones de igualdad como norma de la ley y de los actos de gobierno.[19]

Al acentuar Rousseau el problema de las condiciones de asociación y de la configuración del orden civil, asume que el Estado es una construcción social susceptible además de ser corregido por la voluntad general ciudadana. El contrato, afirma Rousseau, instituye una igualdad moral y legítima entre los seres humanos, de forma tal que quienes pueden ser desiguales por naturaleza ("en fuerza o en genio"), son ahora iguales "por convención y de derecho". Y es la legislación la que, desde su perspectiva, debe preservar efectivamente la libertad, pero también la igualdad entre los hombres "porque la libertad no puede subsistir sin ella". Respecto de la igualdad, continúa Rousseau,

---

[19] "Libertad no es para él sinónimo de arbitrio, sino justamente la superación y el abandono de todo lo arbitrario. Significa la vinculación a una ley estricta e inquebrantable que el individuo erige por encima de sí mismo. No es el alejamiento de esta ley o el desprendimiento de la misma, sino la autónoma *adhesión* a ella, lo que constituye el auténtico carácter de la libertad", precisa Ernst Cassirer sobre Rousseau en su libro *Rousseau, Kant, Goethe. Filosofía y cultura en la Europa del siglo de las luces*, FCE, México, 2007, pp. 71-72.

no hay que entender por esta palabra que los grados de poder y de riqueza sean absolutamente los mismos, sino que, en cuanto al poder, que esté por debajo de toda violencia y no se ejerza nunca sino en virtud del rango y de las leyes, y *en cuanto a la riqueza, que ningún ciudadano sea lo bastante opulento para poder comprar a otro, y ninguno lo bastante pobre para ser constreñido a venderse...*[20]

La legislación no puede tener como objetivo la mera positivización de la ley natural —como quería Locke—, sino que debe preservar en las relaciones sociales surgidas del orden público la libertad e igualdad entre los seres humanos. El supuesto fundamental aquí de Rousseau es que "el orden social es un derecho sagrado, que sirve de base a todos los demás".[21] Sin orden público no hay garantía de los derechos y libertades individuales. Pero un orden público desigual e injusto vuelve una quimera el ejercicio pleno de los derechos y libertades individuales. Así, la quiebra del orden público por un ejercicio del poder ilegal e injusto termina por afectar a la sociedad en su conjunto incluso, desde luego, a aquellos sectores que consideran que una situación de este tipo les reporta ventaja, en la medida en que ellos también participan de condiciones de asociación ilegítimas y, por tanto, inestables y siempre potencialmente conflictivas.

No obstante, la concepción de los derechos individuales siguió teniendo su fundamento en la tradición liberal clásica y, en particular, permaneció vinculada a la idea de propiedad. De aquí, por ejemplo, la distinción entre ciudadanos activos y pasivos (vigente incluso en la Francia del siglo XVIII) y el largo proceso de modificaciones legales e institucionales que solo hasta el siglo XX culminó en Estados Unidos con un derecho al voto no sujeto ya a condiciones económicas, de raza o de género. Pero puede

---

[20] J. J. Rousseau, *Del contrato social*, Alianza Editorial, Madrid, 1998, p. 76. Las cursivas son nuestras.

[21] *Ibid.,* p. 26. Para Cassirer, "Esta misión *ética* que Rousseau atribuye a la política, y este imperativo *ético* bajo el que la coloca, constituye su acto más propiamente revolucionario", así lo afirma en *Rousseau, Kant, Goethe. Filosofía y cultura en la Europa del siglo de las luces*, p. 84.

decirse también, como vimos ya, que aun hoy en día en la conciencia de las personas la idea de los derechos remite a la de las libertades negativas, a la concepción liberal de los mismos. Ello ha encontrado también apoyo en la economía y en las prácticas sociales actuales con la intensificación del individualismo posesivo y del egoísmo como actitudes básicas.

De acuerdo con lo que hasta aquí hemos considerado, es posible afirmar que a lo largo de su historia Estados Unidos ha empleado tanto el libre mercado como la intervención estatal como recursos para enfrentar los problemas nacionales. Y, sin embargo, la pobreza y sobre todo la desigualdad persisten. Pareciera que en este aspecto se ha llegado a un callejón sin salida: el libre mercado propicia la concentración de la riqueza dejando de lado a amplios sectores de la sociedad que no logran insertarse eficazmente en él; el Estado de bienestar puede paliar por determinados periodos la pobreza, pero al mismo tiempo termina por propiciar la dependencia.

Es entonces, nos parece, la hora de volver la mirada al ciudadano de forma tal que sea él el protagonista real y decisivo de la política. Los recursos legal-institucionales que han servido para acotar al Estado, garantizando el espacio propio de las libertades negativas, tendrían ahora que impulsar la participación ciudadana en el orden público. De lo contrario, terminará por imponerse el gobierno ilegítimo de los intereses privados que acentúa la desigualdad y potencia el conflicto. En las democracias contemporáneas, los espacios del orden público que los ciudadanos dejan libres terminan por ser copados por grupos de poder y de intereses, como parecer ser el caso de una burocracia desvinculada del electorado y sin la cuidadosa supervisión ciudadana que termina por quedar en las manos de las grandes corporaciones. Los actos de corrupción política relacionados con el cabildeo en el Congreso y el financiamiento de partidos y campañas en Estados Unidos, constituyen una manifestación de lo anterior.

Y el problema del alcance de las libertades y del poder mismo tampoco se juega ya en la falsa alternativa de "o más mercado o más Estado",[22] sino más bien en el gobierno efectivo de la ley, es decir, en la organización de lo público desde la voluntad general y no desde el interés de las corporaciones y los grandes poderes políticos y/o económicos. Después de todo, conviene tener presente que en nuestra calidad de ciudadanos compartimos todos la responsabilidad por el ejercicio del poder, por lo que tendríamos que ser en la misma medida partícipes de la autoridad soberana. Solo bajo esta experiencia distinta del poder y de las libertades ciudadanas, desde la ley como expresión del interés general, es posible retomar la primacía de la política y, con ello, propiciar incluso el acercamiento entre las personas, la emergencia de nuevas formas de solidaridad y, en fin, el resurgimiento de los esfuerzos cooperativos con vistas a una vida en común bajo condiciones de justicia. Recordemos, con Bellow, que los años treinta fueron "más humanos, más tolerantes con la debilidad, menos rígidos, menos idólatras y menos afectados".[23]

Además, en un mundo globalizado, y sobre todo cuando han sido los aspectos más negativos de las formas de interrelación hasta ahora experimentadas las que se han puesto de manifiesto,[24] Estados Unidos tendría que reconsiderar su lugar en el mundo para asumir la nueva realidad de las sociedades actuales y, con ello, una nueva manera de insertarse en el escenario internacional. Nos parece, al respecto, que el modelo de cooperación bajo el cual opera la NASA sería un importante ejemplo a seguir. En la práctica, la agencia espacial desarrolla una forma de observación e investigación a partir del esfuerzo cooperativo de una pluralidad de naciones que se han embarcado en la tarea —a largo plazo— de escudriñar los misterios del universo. Por ejemplo, no solo las tripulaciones de los transbordadores espaciales se integran de manera internacional, sino que también cuando ciertos ojos en

---

[22] O "más o menos impuestos".

[23] Saul Bellow, *Todo cuenta*, Debolsillo, México, 2007, p. 47.

[24] Nos referimos, por ejemplo, a las crisis financieras cuyas repercusiones más graves alcanzan pronto a los países en desarrollo que ven amenazadas, incluso, sus posibilidades de futuro.

algún punto del mundo logran detectar algo que ha escapado a la atención de la NASA, esos ojos se vuelven colaboradores oficiales de sus investigaciones. Así ocurrió luego de la detección de una explosión solar por parte de alumnos de una preparatoria de la Ciudad de México. Una vez que el hallazgo del 23 de enero del 2007 fue corroborado por especialistas de la NASA, dichos alumnos fueron elevados al rango de "colaboradores" en la investigación del universo. Tareas de esta envergadura, pero también como la que supone la construcción de condiciones de vida justa y solidaria, solo pueden impulsarse ya desde el esfuerzo cooperativo de todos y con una visión de futuro.

4. La nueva sociedad

El fenómeno de la inmigración —legal e ilegal— ha transformado la integración étnica y cultural de Estados Unidos, sobre todo en las últimas décadas. Así, de los nuevos 100 millones de habitantes del país registrados entre 1967 y el 2006, cerca del 53% son inmigrantes recientes o sus descendientes. Sin ellos, la población de Estados Unidos sería de cerca de 250 millones de personas, no de 300 millones.[25] En el caso particular de la población de origen hispano, mientras que en 1970 representaban solo 4.7% del total de los estadounidenses, en el año 2005 este porcentaje se incrementó a 14.4%.[26] Para ilustrar esta transformación con ejemplos de carácter regional, cabe señalar que en California la presencia de los latinos y los asiáticos es particularmente alta, de forma tal que por primera vez las minorías se han convertido en la mayoría de la población: 35.9% de los 36 millones de habitantes de California son de origen hispano, 12% de origen asiático y 6.3%

---

[25] Fuente: Pew Hispanic Center. *USA Today*, 5 de julio de 2006, p. 1A.
[26] Fuente: Census Bureau y Social Security Administration. *The Miami Herald. International edition*, 3 de junio de 2006, p. 3A.

negro. Los blancos de origen anglosajón representan menos del 50% de la población estatal.[27] En Los Ángeles, 1.8 millones de habitantes, más o menos la mitad de la población, son latinos. El centro de la ciudad es, en la actualidad, territorio latino. El idioma español aparece allí como la lengua predominante, algo impensable hace tan solo cuarenta años. En otras regiones importantes, como la que comprenden los estados de Nueva York, Nueva Jersey y Connecticut, se estima que viven alrededor de un millón de migrantes mexicanos; en Chicago 1.5 millones y en Atlanta 420 mil.[28]

Pero la población inmigrante no se concentra ya únicamente en las grandes ciudades que, por su pujanza económica, se convierten en ciudades naturalmente receptoras de quienes buscan mejores condiciones de trabajo. Podemos encontrar, en la actualidad, un incremento en los índices de población extranjera en estados como Alabama (donde la fuerte presencia afroamericana en otros tiempos habría llevado a los hispanos, por ejemplo, a desistir de su intento por instalarse), Carolina del Norte y Virginia. Este último estado ubicado en la parte norte del país y, por tanto, en principio con una cultura y un clima distintos al que están acostumbrados los ciudadanos de América Latina.[29]

De acuerdo con estudios del Pew Hispanic Center, la población ilegal que vive en Estados Unidos ha aumentado de 5 millo-

---

[27] A finales del 2008, la oficina del Censo estima en la población de California un 43% de blancos no hispanos y un 59.8% de blancos americanos (incluyendo en esta cifra a los blancos hispanos).

[28] *El Universal*, 29 de abril de 2006, p. 18A.

[29] Según un reporte de la Oficina del Censo de los Estados Unidos dado a conocer el 15 de agosto de 2006, los estados que cuentan con una mayor proporción de población nacida en el extranjero son California (27.2%), Nueva York (21.4%), New Jersey (19.5%), Florida (18.5%) y Nevada (17.4%). Los estados que registraron mayores incrementos en el número de inmigrantes en el periodo 2000-2005 fueron Carolina del Sur (con 47.2%), Tennessee (40.3%) y Delaware (40%). También tuvieron incrementos importantes Georgia (37.8%), Alabama (37.6%), Arkansas (37.3%), New Hampshire (33.8%), Nevada (30.5%) y Carolina del Norte con 30.4%.

nes en 1996 a no menos de 12 millones en la actualidad. Del total de hispanos, 78% proviene de México y el resto de América Latina, la gran mayoría huyendo de la precariedad económica.[30] Los migrantes mexicanos, en particular, representan una fuerza laboral importante en los sectores agrícola, de la construcción y de servicios. Sus remesas rebasaron en 2005 los 20 mil millones de dólares anuales y constituyen, junto con los ingresos por petróleo y la inversión extranjera, una de las tres fuentes más importantes de recursos de México. Puede decirse así que, en buena medida, han construido a Estados Unidos mientras, a su vez, sostienen la economía de su país. Luego del desastre provocado por Katrina, los mexicanos fueron de los primeros en llegar al lugar a realizar labores de limpieza y remoción de escombros. Ellos reconstruyen también Nueva Orleáns.

Emigran de sus países de origen también con su cultura y sus costumbres, mismas que la mayoría de las veces reproducen en Estados Unidos. En este sentido, el fenómeno migratorio no se reduce ya a los jefes de familia. Desde hace algunos años, son familias completas las que se trasladan por partes o de una sola vez en busca de un futuro mejor.[31] Así, hoy en día no es difícil encontrar en Estados Unidos comunidades de mexicanos, salvadoreños y filipinos, pero también de judíos, asiáticos y árabes, que imprimen el sello distintivo a sus barrios y se reúnen periódicamente bajo las costumbres de sus países de origen. Tampoco es difícil encontrar iglesias con feligresías de carácter multicultural. Y no es muy difícil, finalmente, encontrar familias de carácter multicultural, familias conformadas, por ejemplo, por norteamericanos, mexicanos y japoneses.

Lo anterior no significa, desgraciadamente, que las prácticas discriminatorias hayan sido eliminadas. Pronto, los primeros que

---

[30] Adrián Campo-Flores, "La división de EEUU", en *Newsweek en español*, vol. II, núm. 15, 10 al 17 de abril de 2006, p. 17.

[31] De los 12 millones de indocumentados, solo 2.4% está compuesto por hombres adultos que viven por su cuenta, según el Pew Hispanic Center. *Reforma*, 1 de mayo de 2006, p. 4 (sección Internacional).

llegaron a reconstruir Nueva Orleáns fueron objeto de segregación, detenciones arbitrarias e incumplimiento laboral. Los hispanos, también, sufren día con día este tipo de situaciones con bajos salarios y el no acceso a los servicios de salud. Organizaciones racistas de civiles armados han tomado en ocasiones en sus propias manos la labor de vigilancia de la frontera entre México y Estados Unidos. Estas organizaciones, cabe decirlo, no encuentran un apoyo mayoritario en su propio país, pero tampoco han sido tajantemente proscritas. Una manifestación más de estas prácticas discriminatorias puede encontrarse en las propuestas legislativas, en su mayoría de origen republicano, que de cuando en cuando se plantean en distintas instancias sobre todo estatales. Las propuestas tienen como objeto desalentar la inmigración y recortar los derechos de quienes ya se han establecido allí. Se trata, por ejemplo, de limitar el acceso a la educación superior a los estudiantes indocumentados, de negar la expedición de licencias de conducir a personas que no pueden comunicarse en inglés, de limitar el acceso a los beneficios compensatorios de los trabajadores. De negar, en suma, derechos a quienes no tienen papeles. La nueva convivencia multicultural parece haberse impuesto, así, a pesar de la reticencia de ciertos sectores de la sociedad estadounidense. Y estas reticencias se manifiestan con mayor agresividad cuando la economía del país entra en problemas.

*

Los datos anteriores no pueden sino llevarnos a pensar que la configuración racial y cultural de Estados Unidos se ha transformado radicalmente. Asistimos, de manera inevitable, al surgimiento de una nueva sociedad. Y la inevitable nueva sociedad empieza ya, además, a tener una importante presencia política. Entre 1994 y 1998 el número de hispanos que participó en las elecciones al Congreso pasó de 500 mil a 4 millones de votantes

—de una población total de 6.5 millones de electores que representaban 5% del electorado. En Estados Unidos, no puede pensarse hoy en una campaña política exitosa sin que esta vaya también dirigida a la población de origen latino. El proceso electoral del 2004 que enfrentó a Bush y a Kerry fue ya particularmente significativo al respecto en la medida en que ambos candidatos hicieron campaña y propaganda política en español.

Pero en el caso de la elección de Barack Obama el voto latino dejó testimonio claro de su importancia. En primer lugar, según encuestas de salida dicho voto le dio márgenes de victoria particularmente amplios en estados tradicionalmente disputados como Colorado, Nuevo México y Nevada. Los primeros dos fueron para los republicanos cuatro años atrás. En la Florida, incluso, una mayoría de latinos sufragó en favor del candidato demócrata, lo que no sucedía por lo menos desde 1988. De acuerdo con un estudio de la National Association of Latino Elected and Appointed Officials, el número de latinos que concurrió a las urnas se incrementó en casi 25% con respecto al 2004. Contribuyeron significativamente a este incremento en la participación electoral los inmigrantes naturalizados y los jóvenes electores de primera vez. A nivel nacional, 67% del voto hispano fue en favor de Obama y 31% por John McCain; mientras que en la elección anterior habían votado 53% por Kerry y 44% por Bush. Los casi 10 millones de latinos que acudieron a las urnas en el 2008 representaron 9% del total de electores.[32]

En la actualidad, la influencia política de la población hispana no se reduce a su condición de votantes. En el año 2005, Antonio Villaraigosa ganó la elección para la alcaldía de Los Ángeles. Con ello se convirtió en el primer latino en alcanzar ese cargo desde 1872. Buena parte del éxito de Villaraigosa en su nuevo intento por ganar la elección —ya había buscado la alcaldía con anterioridad— se debió no a su condición latina, sino a su capacidad

---

[32] Datos tomados de "In big shift, latino vote was heavily for Obama", en *The New York Times*, 7 de noviembre de 2008.

para atraer un voto multicultural: Villaraigosa recibió 84% del voto latino emitido, pero además 50% del blanco, 48% del negro y, finalmente, 44% del asiático.[33] Un mes después de ser electo, Villaraigosa subrayaba su idea de que la fuerza de la ciudad se encontraba en su diversidad y de que una "gran ciudad es una ciudad donde todos podemos crecer y prosperar juntos".[34] También a lo largo de su administración ha insistido en su compromiso con todos los grupos raciales y étnicos.

En Estados Unidos, la mayoría de los inmigrantes hispanos recuerdan con nostalgia sus orígenes, pero enfrentan con valor su nueva realidad. De haber podido elegir, habrían preferido no dejar sus lugares y gentes. Pero esa, en realidad, nunca fue una opción verdadera. El cambio siempre postergado y, con ello, las expectativas permanentemente frustradas, los obligaron a abandonar su país. En su nueva situación, solo necesitan oportunidades para dar lo mejor de sí mismos. Muchos de quienes han llegado allí empujados por la necesidad están en una sociedad a la que en realidad no pertenecen. Este mismo sentido de no pertenencia puede también decirse de amplios sectores de la población afroamericana.

El carácter masivo de las olas migratorias es un fenómeno de nuestro tiempo. Según el grupo de investigación Population Reference Bureau, se estima que casi tres millones de personas migran anualmente a países industrializados. China, India y México son las mayores fuentes de migrantes, mientras que Estados Unidos es el país que atrae al mayor número de extranjeros al año (un millón) y Europa, en su conjunto, recibe 1.4 millones (con España e Italia como receptores principales). Otros destinos importantes de los migrantes son Canadá, Australia y Emiratos Árabes Uni-

---

[33] Datos tomados del artículo "El alcalde latino de Los Ángeles", de Sergio Muñoz Bata, *Reforma*, 20 de octubre de 2005, p. 22A.
[34] "Villaraigosa, a Mayor for all of L.A.", en *The Washington Post*, 2 de junio de 2005.

dos.[35] La frontera entre España y Marruecos es otro punto en el que se han incrementado significativamente los índices de quienes, habiendo sido expulsados de sus propios países por la precaria situación económica, buscan incluso a costa de su propia vida encontrar un empleo. Durante el mes de octubre de 2005, en la valla fronteriza de Ceuta y Melilla muchos africanos perdieron la vida en su intento por alcanzar territorio español. Y algunos de quienes iban con ellos simplemente emplearon sus cuerpos agonizantes incrustados en la valla como apoyo para poder superarla. Finalmente, una nueva forma de inmigración se ha registrado en España: de enero a noviembre de 2005, la Junta de Andalucía recibió 1 398 menores inmigrantes de entre 12 y 14 años. Se trata de menores extranjeros no acompañados y que, en su mayoría, son impulsados por sus propios padres para dejar sus países y buscar trabajo. Son niños que se juegan la vida en el Estrecho, ha alertado la directora de Infancia y Familias de Andalucía.[36]

A su condición de inmigrados se suma la experiencia de la segregación social y económica, como lo hemos señalado ya con respecto a los hispanos en los Estados Unidos, pero como lo testimoniaron además los disturbios en París de los últimos meses del 2005 que rápidamente se esparcieron por el resto de Francia y fueron protagonizados por musulmanes africanos que se manifestaban en contra del desempleo y la pobreza. En realidad, demandaban ser reconocidos como ciudadanos de pleno derecho. De esta manera, Estados Unidos, y todos aquellos países que reciben población migratoria, tendrán que enfrentar el asunto de la inmigración como un problema al que también ellos han contribuido, como un problema común. Debe reconocerse, así,

---

[35] "Migran al años tres millones", en *Reforma*, 18 de agosto de 2006, p. 3 Internacional.

[36] "Andalucía recurre a locales portuarios ante el colapso de los centros de menores magrebíes", en *El País*, 2 de noviembre de 2005, p. 24. En junio del 2009, la Secretaría de Relaciones Exteriores de México dio a conocer que en 2008 más de once mil "migrantes menores de edad no acompañados" cruzaron la frontera hacia Estados Unidos en busca de trabajo.

el siguiente hecho: los flujos migratorios se han intensificado sobre todo por la concentración de la riqueza en el mundo y la consecuente desigualdad económica entre los países. Las olas migratorias no cesarán mientras no logren transformarse las relaciones económicas que rigen hoy a los países y mientras no se consigan, con ello, mayores condiciones de justicia al interior de las sociedades.

*

Si la literatura indaga sobre todo en el alma de los seres humanos y de la sociedad, la filosofía indaga en sus razones. La filosofía, es cierto, no es un mero espejo que refleje fielmente a la sociedad, pero sí constituye una expresión de su espíritu, problemas principales y, sobre todo, de su manera de abordarlos. El diálogo constante entre filosofía y sociedad termina por modificar a las dos. Incluso las filosofías que, sobre todo en el siglo XX, buscaron importar sus cánones de reflexión de la ciencia, son el reflejo de una sociedad eufórica con el avance científico y que busca certezas —sí, sobre todo certezas— a partir del uso teórico de su razón.[37]

El pensamiento filosófico de los últimos treinta años en Estados Unidos ha estado determinado por la teoría de la justicia de John Rawls (1922-2002). La propuesta que marcó la filosofía de los años setenta fue la idea de una concepción moral de la justicia que recogía la tradición contractualista para su fundamentación. Lo que esta teoría buscaba alcanzar, frente al pensamiento ético entonces vigente, era una visión sustantiva de la justicia y acorde con la condición moral de la persona. Pero las críticas a Rawls se

---

[37] "Vemos, pues, que, después de todo, sólo pedimos que se adopte, al meditar en la moral, la misma lógica que al decidir sobre fenómenos físicos ha demostrado conducir a la seguridad, a la rigurosidad, a la fertilidad". John Dewey, *La reconstrucción de la filosofía*, Planeta-Agostini, Barcelona, 1993.

intensificaron en 1982 con la publicación del libro *El liberalismo y los límites de la justicia*, de Michael Sandel. Entonces la filosofía de Estados Unidos y de gran parte del resto del mundo académico empezó a centrarse en el debate abierto por la concepción rawlsiana de la justicia. En este contexto surgieron, por ejemplo, corrientes de pensamiento como el multiculturalismo y el comunitarismo que forman parte aún del debate filosófico actual. Lo que aquí nos interesa destacar sobre todo es el desarrollo mismo que experimentó la teoría ralwsiana al pasar de una teoría moral a una concepción política de la justicia.

Es posible, en efecto, organizar el proyecto filosófico de Rawls en torno a sus dos obras principales: *Teoría de la justicia* (1971) y *Liberalismo político* (1993). Ambos momentos marcan el tránsito de una teoría de la justicia como imparcialidad de carácter *moral*, a una concepción *política* de la justicia. En su primera formulación, la propuesta rawlsiana parte de la idea clásica del contrato social sugiriendo un proceso de elección de principios morales entre personas libres e iguales. No obstante, este proceso de elección debe pensarse, según Rawls, bajo determinadas circunstancias: desde una posición original caracterizada por un velo de la ignorancia y por el que las partes ignoran todo dato particular que pueda orientar parcial e interesadamente su elección (como su lugar en la sociedad, su posición o clase social, sus capacidades naturales, su concepción del bien y la generación a la que pertenecen) y conocen los hechos generales que hacen posible la decisión (como ciertas cuestiones políticas y económicas, las bases de la organización social, las leyes de la psicología humana y una familia de concepciones de la justicia entre las que habrán de elegir). Las partes saben además que se encuentran bajo las "circunstancias de la justicia", es decir, en condiciones de escasez moderada y conflicto de intereses.

Al caracterizar en los términos anteriores una hipotética posición original, Rawls buscaba definir una situación de elección imparcial o equitativa que permitiría —según él— asegurar la justicia del acuerdo alcanzado: de aquí la idea de la justicia como imparcialidad o equidad que remite, en última instancia, a esta posición original, imparcial y equitativa, de donde habría de surgir una decisión igualmente imparcial y equitativa. Ahora bien, de acuerdo con Rawls los principios que las personas acordarían bajo las condiciones particulares de la posición original con su velo de la ignorancia son: 1) Cada persona ha de tener un derecho igual al más extenso sistema total de libertades básicas compatible con un sistema similar de libertad para todos. 2) Las desigualdades sociales y económicas han de ser estructuradas de manera que sean para: a) mayor beneficio de los menos aventajados, de acuerdo con un principio de ahorro justo (principio de diferencia) y, b) unidos a los cargos y las funciones asequibles a todos, en condiciones de justa igualdad de oportunidades.[38] Las partes decidirían, además, la prioridad del primer principio frente al segundo por su interés moral en ver realizados sus proyectos de vida.

Estos dos principios con la prioridad de las libertades habrán de servir como criterio público para la crítica y/o reforma de las principales instituciones del orden social, por lo que perfilan un marco común de justicia dentro del cual las personas deben considerar sus planes racionales de vida y dirimir sus pretensiones en conflicto. En la segunda parte de *Teoría de la justicia*, Rawls ilustra la estructura básica adecuada al contenido de sus principios normativos con el esquema institucional de un orden constitucional de economía de propiedad privada o de economía socialista con mercados libres, abiertos y competitivos. En *Teoría de la justicia*, la concepción de la justicia como imparcialidad en realidad tenía como propósito principal delinear racionalmente las condiciones para la realización moral de las personas, es decir, las condiciones que les permitirían construir un modo de vida adecuado a su naturaleza moral, libre e igual. De acuerdo con Rawls, lo anterior sería posible preservando en el orden social el núcleo normativo que representan ambos principios con la prioridad de las libertades.

---

[38] Exposición final de los dos principios. John Rawls, *Teoría de la justicia*, 2a. ed., FCE, México, 1995, pp. 280-281.

Las críticas planteadas a *Teoría de la justicia* a lo largo de las décadas de los setenta y ochenta, en particular a la concepción de la persona que está en la base de la misma, llevaron a Rawls a reconsiderar su teoría. Desde entonces sostuvo que el pluralismo valorativo (moral, cultural y religioso), resultado del uso libre de la razón en las sociedades democráticas, es un hecho definitivo y moralmente relevante que lo ha obligado a redefinir su teoría de la justicia en términos de una "concepción política de la justicia".

El problema que enfrenta la justicia como imparcialidad frente al hecho del pluralismo se relaciona, dice Rawls, con el tema de la estabilidad. El que exista una pluralidad de doctrinas morales comprensivas, precisa en la introducción a su *Liberalismo político*, vuelve "poco realista" la idea de una sociedad bien ordenada tal y como fue presentada en *Teoría de la justicia*. Y la cuestión de su estabilidad se vuelve también, por tanto, poco realista y debe reformularse. Así, la pregunta que guía la reflexión rawlsiana desde esta nueva perspectiva es la siguiente:

> ¿cómo es posible que pueda existir a través del tiempo una sociedad estable y justa de ciudadanos libres e iguales profundamente dividida por doctrinas religiosas, filosóficas y morales, razonables, aunque incompatibles entre sí? En otras palabras: ¿cómo es posible que unas doctrinas comprensivas profundamente opuestas entre sí, aunque razonables, puedan convivir y afirmen todas la concepción política de un régimen constitucional?[39]

Cabe aclarar que a pesar de esta reformulación de su teoría, la preocupación de Rawls permaneció en esos años siendo la misma: la de sostener una concepción pública de la justicia como base moral de una sociedad democrática, es decir, como criterio de evaluación de las principales instituciones del orden democrático. Debe destacarse, sin embargo, que si bien en *Liberalismo político* no se han introducido cambios sustanciales en cuanto al contenido de la teoría de la justicia —dado por los dos principios

---

[39] John Rawls, *Liberalismo político*, FCE, México, 1995, p. 13.

con la prioridad de las libertades— Rawls sí ha delimitado el carácter y alcance de la misma.

En efecto, la idea de la justicia como imparcialidad debe ser entendida más bien, buscó reconsiderar Rawls, como una "concepción política" y no como una "doctrina moral comprensiva". Bajo esta perspectiva distinta, los principales conceptos de la justicia como imparcialidad son redefinidos como parte de una concepción política de la justicia y no de una doctrina comprensiva que supone una cosmovisión moral de carácter más general. De acuerdo con Rawls, una concepción política de la justicia tiene las siguientes características: 1) se trata de una concepción de la justicia que se ha formulado para la estructura básica de una democracia constitucional, 2) dicha concepción política es independiente de cualquier doctrina comprensiva y es un punto de vista libremente aceptado y, finalmente, 3) se elabora en términos de ideas políticas fundamentales, implícitas en la cultura pública de una sociedad democrática.

Como puede verse, con esta reconsideración de la teoría de la justicia como imparcialidad Rawls sustentó la fundamentación de la misma, en gran medida, en las ideas implícitas en la cultura política democrática, cultura política que, dado el contexto en que Rawls plantea sus objetivos, es la de los Estados Unidos. En las importantes conferencias sobre el "Constructivismo kantiano en la teoría moral", al tiempo que explica lo que él considera la "analogía" de su proyecto con el kantiano, Rawls afirma que pretende afrontar el desacuerdo fundamental acerca de la justicia de las instituciones básicas dentro de una sociedad democrática moderna y precisa: "Nos miramos a nosotros mismos y a nuestro futuro y reflexionamos sobre nuestras disputas desde, digamos, la Declaración de Independencia. Cuestión diferente es la de hasta qué punto las conclusiones a las que lleguemos interesan en un contexto más amplio".[40] Lo anterior bajo la idea de que la filosofía política debe encargarse de esta tarea práctica y de que, por tanto, la concepción de la justicia tiene propósitos prácticos y un papel social que cumplir. La consecuencia, para el autor, es la siguiente: "El verdadero contenido de los primeros principios de la justicia... está determinado en parte por la tarea práctica de la filosofía política".[41]

Una consecuencia más de esta reconsideración de la justicia como imparcialidad es que la concepción política de la justicia no se presenta como "verdadera", sino como "razonable", lo que amplía sus posibilidades —se argumenta— de ser aceptada por personas que profesan diferentes culturas. La conclusión fundamental de *Liberalismo político* es, en suma, que la justicia como imparcialidad debe entenderse en estos términos: como una concepción política de la justicia y no como una doctrina moral comprensiva. Y la justicia como imparcialidad de esta manera construida puede, según Rawls, alcanzar el asentimiento de una pluralidad de doctrinas comprensivas, con lo que puede ser el foco de un consenso moral "traslapado" entre personas que, además de tener distintas e incluso contrapuestas visiones morales, filosóficas o religiosas, suscriben una misma concepción de la justicia como base pública de justificación para dirimir sus controversias y situaciones conflictivas.

Hasta aquí lo que corresponde a la reformulación de la concepción rawlsiana de la justicia en cuanto a su carácter y alcance. El problema, no obstante, es que con esta reformulación de la teoría parece haberse perdido la originaria capacidad crítica de la misma. La teoría de la justicia como imparcialidad depende ahora, en gran medida, de las ideas y valores propios de una tradición política que es —como dijimos— la de Estados Unidos, con lo

---

[40] John Rawls, "El constructivismo kantiano en la teoría moral", en *Justicia como equidad. Materiales para una teoría de la justicia*, M. A. Rodilla (ed.), Tecnos, Madrid, 1999, p. 212.
[41] *Ibid.*, p. 235.

que se dejan de lado importantes consecuencias normativas del enfoque kantiano en el que pretendía estar inspirada originalmente. Lo que con esta reformulación falta en Rawls es la perspectiva universalista que desde la idea de la dignidad de la persona caracteriza a toda reflexión que aspira a ser moral de acuerdo con la filosofía kantiana. Y al circunscribir el alcance de su teoría dejando de lado esta perspectiva universalista, John Rawls no solo no ha sido consecuente con uno de los fundamentos centrales de la ética kantiana (el criterio de universalidad), sino que pasa por alto una realidad manifiesta en el mundo actual: la interdependencia en términos del desarrollo económico, social y cultural, así como por lo que se refiere a la preservación del medio ambiente. La vigencia del pensamiento filosófico tiene que ver con su capacidad para reflexionar sobre los problemas públicos. La idea de la justicia como imparcialidad, en general, y el derecho de gentes en particular —como veremos— habrían tenido una perspectiva distinta (y consecuencias de mayor alcance normativo) de haber Rawls atendido adecuadamente al requisito kantiano de universalidad.

De manera paradójica, por otra parte, con esta reconsideración de la teoría Rawls —quien, insistimos, había rehabilitado la idea de una filosofía propositiva por sus contenidos frente al mero análisis del lenguaje—, ha circunscrito el carácter y alcance de la misma atendiendo, sobre todo, a las críticas de "metafísica" que se le plantearon. Solo desde esta perspectiva pueden explicarse las distinciones que establece en su *Liberalismo político* entre, por ejemplo, una concepción "política" de la persona y no "metafísica". Debe precisarse aquí que Rawls reformula su teoría a partir de una reconsideración de sus conceptos básicos, mismos que ahora circunscribe al ámbito de la política, y no por una revaloración del papel que desempeñan los procesos políticos en la configuración de una voluntad pública y a partir de los cuales podría pensarse un ámbito de regulación moral de la cooperación social democrática. La obra rawlsiana ha sido siempre ambigua, nos parece, en cuanto a la distinción y el vínculo entre filosofía moral (el enfoque que Rawls adscribe a *Teoría de la justicia*) y filosofía política (de *Liberalismo político*).

"La idea de la razón pública revisada" y "El derecho de gentes" son dos textos que resultan también significativos con respecto a la idea que tiene Rawls sobre los problemas que aquejan a las democracias contemporáneas. Resulta notable en su teoría la ausencia de una reflexión rigurosa y profunda sobre su concepción de la democracia. Este problema, constante en su obra y que terminó por acentuarse, se manifiesta en su aceptación acrítica del orden democrático liberal de economía de mercado como base institucional de su justicia como imparcialidad. A pesar de ciertas anotaciones diseminadas en sus textos sobre la justa igualdad de oportunidades, la importancia del principio de diferencia o la necesidad de garantizar el valor justo de las libertades alejando el poder económico del político, el "libre" mercado no es cuestionado por Rawls. El principio de diferencia, por otra parte, no es aplicable en el contexto de las relaciones internacionales.

Y la ausencia de una reflexión sobre la democracia en Rawls se manifiesta también en su artículo sobre la razón pública cuando se refiere a una democracia constitucional bien ordenada como una "democracia deliberativa". La idea característica de esta forma de democracia, nos dice, tiene que ver con la idea misma de deliberación: cuando los ciudadanos deliberan intercambian puntos de vista y ofrecen sus razones sobre cuestiones de justicia pública reconociendo, al mismo tiempo, que sus opiniones no son definitivas y pueden ser siempre revisadas por sus conciudadanos. Rawls añade que una democracia deliberativa supone la idea de la razón pública, el compromiso de los ciudadanos con la misma y un esquema institucional democrático de cuerpos legislativos que deliberan. La idea aquí de una democracia deliberativa debe mantenerse en su justa dimensión y, en este sentido, no se refiere —y esto es importante tenerlo presente— a una concepción de la democracia como, por ejemplo, la que ha defendido Jürgen Habermas como una concepción procedimentalista (discursiva) de la democracia basada en una "política deliberativa". En esta propuesta, a diferencia de la rawlsiana, aparecen en primer plano no solo los problemas de fundamentación moral, sino también los referidos al orden institucional democrático, la participación política y las condiciones de promulgación democrática y legítima de las leyes.[42]

En la obra de Rawls, en cambio, el problema del carácter del orden democrático aparece como un tema resuelto —y esta es también una de las constantes de la misma. La única cuestión que parece preocuparle se refiere a la posibilidad de asegurar un consenso en torno a una concepción política de la justicia como base pública de justificación dado el pluralismo ideológico actual. A la pregunta sobre el cambio de perspectiva de *Teoría de la justicia* a *Liberalismo político*, Rawls afirmó en 1998 que su preocupación principal se refería a la viabilidad histórica de la democracia constitucional en el contexto de una sociedad en la que se profesan distintos credos religiosos como ocurre en Estados Unidos. Precisó entonces que el problema relevante para una democracia constitucional era el siguiente: ¿cómo pueden doctrinas religiosas y seculares de todo tipo reunirse y cooperar en un gobierno razonablemente justo y efectivo?, ¿qué clase de consideraciones tendría que hacerse sobre las doctrinas religiosas y seculares, y sobre la esfera política, para que puedan trabajar juntas?[43] Desde nuestro punto de vista, sin embargo, el futuro de la democracia y de las libertades habrá de definirse más allá del mero asunto del pluralismo cultural, religioso y valorativo, y tendrá que ver sobre todo con cuestiones económicas y sociales, así como con la participación política en la vida pública y, en particular, con el logro de una integración mundial en condiciones de igualdad.

---

[42] *Cfr.* Jürgen Habermas, *Facticidad y validez*, Trotta, Madrid, 1998.
[43] *Cfr.* "*Commonweal* Interview with John Rawls", en *Collected Papers*, Samuel Freeman (ed.), Harvard University Press, Cambridge, Massachusetts, 2001, pp. 61 y *ss.*

Estas cuestiones no pueden ser consideradas de escasa relevancia argumentando los propósitos morales que conciernen a una teoría de la justicia. El tema de la estabilidad de una concepción de la justicia, por ejemplo, no puede restringirse a su capacidad para generar la adhesión racional a la misma por parte de personas morales con diferentes cosmovisiones y proyectos de vida. Y una reflexión profunda sobre el problema democrático-institucional en el marco de una teoría de este tipo amplía la perspectiva filosófica para ir más allá de las condiciones de aceptación moral de una concepción de la justicia o, para decirlo en otros términos, de los problemas de la relación entre doctrinas comprensivas y concepciones políticas de la justicia. Cabe recordar aquí, por lo demás, el inicio de *Teoría de la justicia*: "La justicia es la primera virtud de las instituciones sociales... no importa que las leyes e instituciones estén ordenadas y sean eficientes: si son injustas han de ser reformadas o abolidas".[44]

*

Antes de continuar con nuestro trabajo conviene hacer algunas anotaciones en torno al proyecto filosófico de John Rawls. Lo primero que habría que decir es que su obra rebasa el ámbito meramente académico para insertarse en el centro mismo del debate público-político de la sociedad estadounidense. Que el problema sobre la manera en que habrían de asumirse los principios de libertad e igualdad es una constante a lo largo de la historia de Estados Unidos debiera resultar claro con lo que hemos dicho hasta aquí, pero a manera de ejemplo bien podemos constatarlo con la ya mencionada reconsideración de las funciones estatales que supuso el *New Deal* como respuesta a los nuevos retos que la pobreza y la desigualdad plantearon a la libertad.

---

[44] J. Rawls, *Teoría de la justicia*, p. 17.

Ahora bien, atendiendo al diálogo permanente que el filósofo sostiene con la sociedad de su tiempo, podemos decir que Rawls asume la pluralidad de formas de vida que priva en las sociedades democráticas como uno de los problemas principales de los que debe encargarse la filosofía. Es esta situación la que le obligó, desde su perspectiva, a reconsiderar su teoría de la justicia a lo largo de los años setenta y ochenta. Desde nuestro punto de vista, el hecho del pluralismo razonable adquirió tal importancia al interior de su teoría que, de alguna manera, su preocupación fundamental se transformó en una discusión en torno a las bases públicas de la tolerancia que permitan la coexistencia de formas de vida distintas. Podemos decir entonces que sus principios de justicia son principios pensados para la convivencia en la diversidad. No obstante, mientras que el problema de la justicia supone el de la tolerancia, el problema de la tolerancia no agota el de la justicia.

Por otra parte, esta reconsideración de la teoría de la justicia termina por resolverse en una defensa de la tradición liberal clásica que reivindica la prioridad de las libertades civiles. Son, en última instancia, personas individuales interesadas en realizar sus proyectos de vida los que regatean un espacio de libertad frente al Estado y a sus conciudadanos. Es esta la postura que defiende Rawls en medio del conflicto de su tiempo y que él mismo caracteriza en términos de la disputa entre liberales y conservadores "acerca de los derechos a la propiedad privada y en torno a la legitimidad (en oposición a la eficacia) de las políticas sociales asociadas a lo que se ha llamado el "Estado de bienestar"".[45]

Llama la atención que la propuesta de Rawls se circunscriba a lo que hemos caracterizado como la tradición liberal clásica. Y llama la atención porque precisamente a lo largo de las décadas de los años sesenta y setenta Estados Unidos vivió el movimiento de los derechos civiles y el esfuerzo de combate a la pobreza todavía bajo la concepción del Estado de bienestar. En ese tiempo

---

[45] J. Rawls, *Liberalismo político*, p. 45.

empezó a desarrollarse una conciencia pública y de movilización ciudadana que cuestionaba el desarrollo económico y reclamaba la ampliación de las libertades —no solo en términos del derecho igualitario de todos a las mismas, sino en cuanto a la profundización de su contenido. La guerra en Vietnam constituía otro motivo de descontento que llevaba a buena parte de la sociedad a reclamar la paz e, incluso, a cuestionar la legitimidad del ejercicio del poder al interior del país y en el mundo mismo. En este punto, la idea de una "sociedad cerrada" como punto de partida para una teoría de la justicia resulta, desde nuestra perspectiva, un supuesto sumamente cuestionable.

Que libertad e igualdad son dos principios en constante tensión en las democracias contemporáneas lo demuestra la idea que dio origen al Estado de bienestar. Pero el propio Rawls pareciera tomar nota de esta difícil relación entre los principios de libertad e igualdad al incorporar, en su *Liberalismo político*, la garantía del "valor justo" de las libertades políticas iguales como parte sustancial del primer principio. No obstante, consideramos que en este punto Rawls asume una posición en cuyas consecuencias últimas no abunda. La propuesta de Rawls, nos parece, termina por hacerse eco de un aspecto de la historia estadounidense que, a pesar de todo, ha sido superado con éxito a través de sus recursos legales y su cultura pública democrática: la convivencia en la diversidad. Podría señalarse aquí como una objeción el problema afroamericano. Pero este problema era mucho más que un problema de tolerancia: se trataba de la negación de los derechos y de la práctica constante de acciones discriminatorias. Incluso los argumentos en contra de la migración que de cuando en cuando todavía se plantean tienen que ver más —en términos generales— con una motivación de tipo económico, que con el rechazo a una forma de vida en particular. Rawls, así, enfatiza el problema de la tolerancia, al tiempo que deja de lado problemas de mayor alcance como el de la desigualdad que inhabilita el ejercicio de la libertad de ciertos sectores de la sociedad. Hoy en día, es sin duda la ampliación de la idea de igualdad la que puede contribuir a una renovación del liberalismo.

Un elemento importante en el que se sustenta la propuesta última de Rawls de una concepción política de la justicia se refiere, como vimos, a lo que él llama el dominio de lo político, núcleo del denominado consenso traslapado. Rawls pareciera así haber subsanado lo que consideraba las deficiencias de su teoría de la justicia asumiendo a la política como la esfera central en las sociedades democráticas. Los valores de lo político son, afirma Rawls, valores especiales, "son valores muy altos y, por tanto, no fácilmente superables: estos valores rigen el marco básico de la vida social —el fundamento mismo de nuestra existencia— y especifican los términos fundamentales de la cooperación política y social".[46] Pero se trata, para Rawls, no solo de la esfera central de la sociedad, sino además al parecer de una esfera autónoma, capaz de constituirse en el foco de un consenso traslapado entre doctrinas comprensivas diversas e incluso contrapuestas entre sí. Las doctrinas comprensivas de toda clase —religiosas, filosóficas y morales—, nos dice Rawls,

> pertenecen a lo que podemos llamar la "cultura de trasfondo" [*background culture*] de la sociedad civil. Ésta es la cultura de lo social; no de lo político. Constituye la cultura de la vida diaria; la de sus muchas asociaciones: iglesias y universidades, sociedades culturales y científicas, clubes y equipos deportivos, por sólo nombrar unas cuantas.[47]

No obstante, toda tradición y cultura público-políticas que podemos encontrar a la base de una sociedad democrática se ha alimentado, a su vez, de elementos provenientes de distintas doctrinas comprensivas. Lo social y lo político son, en realidad, esferas que se retroalimentan, ninguna es ajena a la influencia de la otra. Y el dominio de lo político no es algo dado sin más, no es algo dado de una vez y para siempre. Desde luego, se concretiza

---

[46] *Ibid.,* p. 141.
[47] *Ibid.,* p. 38.

en leyes e instituciones, pero es también el resultado de la voluntad ciudadana libre de vivir en común. Lo anterior vale por supuesto para los propios Estados Unidos: la permanencia de lo que puede considerarse su cultura pública democrática ha sido posible también por su capacidad de renovación, por su capacidad para incorporar nuevos elementos cuando el orden instituido no cuenta con los recursos necesarios para afrontar determinado problema. Tiene razón Rawls cuando señala que Lincoln invocó el "mismo principio de igualdad contenido en la Declaración de Independencia" para abolir la esclavitud. Pero la convicción moral de que la esclavitud atentaba en contra de la dignidad natural de la persona, fue el otro elemento que llevó a Lincoln a persistir en su lucha por la abolición.

*

Una de las características que se destacan en el discurso político e intelectual de nuestros tiempos es la preeminencia que en ellos han adquirido los conceptos y problemas relacionados con el tema de la pertenencia cultural. Pareciera, en ocasiones, que esta pertenencia cultural es asumida ahora como el rasgo distintivo y definitorio de la persona. Escuchamos con mayor frecuencia, por ejemplo, alusiones a los católicos, musulmanes, hispanos y afroamericanos, más bien que a los americanos, españoles y franceses, es decir, a los ciudadanos de los Estados Unidos, de España y de Francia, respectivamente.

Es cierto que amplios sectores de la población de esos países —por seguir con nuestro ejemplo— prefieren ser identificados así e incluso se autodefinen de esa manera; esto es, como miembros de una comunidad que profesa una fe o forma parte de un determinado grupo racial y no como ciudadanos. Pero quizás un elemento que ayuda a explicar lo anterior es, también, una modernidad unilateral, excluyente y en la que ellos hasta ahora no han tenido voz alguna. Bajo esta situación, en muchas ocasiones la

134

identificación cultural resulta una suerte de refugio y de búsqueda de sentido ante un mundo ajeno. Así, los africanos musulmanes en Francia se asumen como tales, es decir como africanos musulmanes, en la medida en que no son franceses: en la medida en que no han sido reconocidos como miembros de pleno derecho de la sociedad francesa con iguales oportunidades de desarrollo y acceso a los frutos de la convivencia en común. Y gran parte de los hispanos en Estados Unidos se asumen, en primer lugar, como mexicanos, salvadoreños o peruanos. Algunos se asumen también como hispanos porque comparten un idioma, pero difícilmente aceptan ser considerados como estadounidenses, aun cuando su situación migratoria esté resuelta y tengan generaciones viviendo en ese país.

No obstante, el discurso político e intelectual que destaca el aspecto de la pertenencia cultural corre el riesgo de dejar de lado la posibilidad —real— de que esta identificación con determinadas prácticas e instituciones culturales sea modificada tanto por la propia convivencia multicultural al interior de las sociedades, como por el ejercicio y desarrollo mismo de la razón. Dada la situación actual de los países, esta parece ser la perspectiva a mediano plazo si las propias instituciones, por supuesto, promueven esa convivencia. Mientras tanto, conviene tener presente que cuando hablamos de hispanos, afroamericanos, musulmanes y católicos, ponemos el acento en lo que nos distingue, no en lo que tenemos en común. Podemos así compartir cotidianamente los obstáculos y ventajas de una vida pública que define, en gran medida, nuestra vida privada, pero seguimos asumiéndonos como diferentes y en cierta forma marcando una distancia con respecto a nuestros semejantes en la medida en que solo nos asociamos activamente con quienes comparten nuestra fe o nuestra raza, es decir, con hispanos, afroamericanos, católicos o musulmanes. En un lugar mucho más profundo de la conciencia aparece nuestra condición de ciudadanía y esta, a su vez, solo parece manifestarse de cuando en cuando —a propósito de los procesos electorales, por ejemplo. Más lejana aún a nosotros parece ser nuestra condición universal de personas.

Como lo han mostrado los acontecimientos violentos en Francia, un consenso de doctrinas comprensivas en torno a valores políticos puede volverse, bajo ciertas circunstancias, un consenso frágil. Desde nuestra perspectiva, resulta necesario más bien acentuar la condición de ciudadanos partícipes de la soberanía popular y, por tanto, con igualdad de derechos para configurar la vida pública que termina por definir la vida cotidiana. Los derechos deben no solo proteger la identidad cultural de la persona, sino también facultarla para participar de la definición y logro de los bienes que en sentido amplio supone la cooperación social. Solo así quienes se encuentran en una sociedad pertenecerán propiamente a ella. Por el contrario, la discriminación política y económica puede contribuir a la radicalización del elemento cultural, teniendo esto como consecuencia el enfrentamiento y no la integración. Hoy en día, parece insuficiente promover una suerte de tolerancia indiferente hacia los demás que termina por convertirlos en "sospechosos" bajo circunstancias difíciles —como las que conllevan una crisis económica o una "amenaza terrorista".

Un aspecto importante en este proceso de identificación más allá del estrecho círculo de la pertenencia cultural tiene que ver con la educación. Sobre esto Seymour Martin Lipset ha señalado lo siguiente:

> Los datos recogidos por instituciones de investigación de la opinión pública que interrogaron a la gente de diferentes países hacia sus creencias sobre la tolerancia a la oposición, sus actitudes para con minorías étnicas o raciales y sus sentimientos en favor de sistemas multipartidarios, así como en contra de los unipartidarios, señalaron que el factor aislado más importante que diferencia a quienes suministran respuestas democráticas de los demás era la educación. Cuanto más elevada sea nuestra educación, tanto más probable es que creamos en los valores democráticos y apoyemos las prácticas de igual tipo. Todos los estudios que se han emprendido al respecto

indican que la educación es más significativa que los ingresos o la ocupación.[48]

En particular, las políticas requeridas por el pluralismo cultural en los Estados Unidos deben desarrollarse en diferentes niveles (moral, jurídico, institucional, educativo), por lo que una actitud racional, abierta y de tolerancia, donde tolerancia no es la mera aceptación indiferente de culturas distintas, sino comprensión y aprendizaje mutuos, deberá privilegiarse. Los trabajadores mexicanos, por ejemplo, han terminado por construir una cultura distinta a la de sus países de origen y recepción. Bajo condiciones favorables, ellos podrían incorporar a la cultura del esfuerzo laboral individual la práctica de la solidaridad. Es con la integración de los migrantes y su desarrollo activo que se renueva la promesa de apertura, de futuro, de posibilidad de renovación y comienzo, en suma, que está en el centro de la propia identidad estadounidense.

Incluso si las tasas migratorias en el mundo lograran detenerse o disminuyeran significativamente, la estrecha interrelación económica de los países y los medios de comunicación seguirán propiciando el intercambio de valores y prácticas entre culturas distintas. Así, puede pensarse que en el futuro cercano el mestizaje cultural prevalecerá por sobre las identidades nacionales cerradas. Lo anterior será benéfico si hace posible, de la mano del desarrollo educativo y cultural, el reconocimiento de la condición universal de los seres humanos en tanto que personas y, con ello, la consolidación de una cultura cívica abierta y permeable a las distintas formas de vida. El riesgo, no obstante, continúa siendo el surgimiento de sectores sociales radicales que rechazan lo diverso y, sobre todo, el temor de origen económico y el egoísmo que en muchas ocasiones lleva a los nacionales a manifestarse contra los inmigrados. No podemos dejar de hacer notar aquí que el discurso de la guerra contra el terrorismo ha tenido también

---

[48] Seymour Martín Lipset, *El hombre político*, Rei, México, 1993, p. 50.

consecuencias negativas para la expansión de la garantía de los derechos individuales y el reconocimiento de las personas en la diversidad. En un contexto de miedo e incertidumbre, en muchas ocasiones hemos terminado por destacar la particularidad y por convertir determinados rasgos étnicos y prácticas culturales y religiosas como sospechosos de violencia. La universalización del reconocimiento de los derechos, así como de la identidad propia del ser humano, ha encontrado entonces un nuevo obstáculo que tendremos que superar si una humanidad reconciliada ha de ser posible.

Estos son tiempos de destacar lo común entre los seres humanos, lo que nos identifica y acerca como tales. Por lo pronto, conviene tener claro que ni el reforzamiento de las fronteras, ni la construcción de bardas o vallas cada vez más y más altas detendrá a quienes huyen de una pobreza de la que todos somos en alguna medida responsables: el mundo desarrollado, y los Estados Unidos específicamente, por dar lugar a y promover una organización económica desigual, los países deprimidos económicamente por sus altos índices de corrupción que han terminado por imposibilitar su desarrollo y cancelar su futuro.

*

La migración que ahora recibe Estados Unidos es en su mayoría de origen hispano —no europeo—,[49] y en particular mexicano, como hemos visto. Y la cultura política y social que llevan consigo es desde luego de carácter distinto. Para abundar sobre todo en el caso de quienes se desplazan desde México (aunque en este punto la historia latinoamericana es ciertamente compartida), se trata de

---

[49] Según la Oficina del Censo, para 1910 había un total de 13.5 millones de estadounidenses nacidos en otros países y el 87.4% procedía de Europa. Jon Meacham, "¿Quién eres?", en *Newsweek en español,* edición especial de investidura, 26 de enero de 2009, p. 21.

una cultura producto del mestizaje de la conquista española con los pueblos nativos. El resultado de ello no pudo sino reproducir los elementos jerárquicos y centralistas que ambas sociedades contenían de forma peculiar. Como señaló Octavio Paz en su "Postdata" a *El laberinto de la soledad*, "A pesar de que la conquista española destruyó el mundo indígena y construyó sobre sus restos otro distinto, entre la antigua sociedad y el nuevo orden hispánico se tendió un hilo invisible de continuidad: el hilo de la dominación".[50]

La dominación española, además, enfrentó a los propios pueblos nativos y la imposición de una economía fundamentalmente extractiva generó y acentuó, ya desde entonces, condiciones de desigualdad social, política y económica. Es significativo, al respecto, el contraste que en la Nueva España encuentra Alexander von Humboldt en los primeros años del siglo XIX entre el esplendor cultural y la mayor desigualdad en la región: una "monstruosa desigualdad de derechos y fortunas", constató en su viaje de 1803.[51] Lograr la independencia solo fue posible tras tres siglos como colonia. El movimiento de Reforma, a mediados del siglo XIX, tenía como objetivo construir un Estado moderno con base en los derechos y libertades individuales. No obstante, los tiempos posteriores a la independencia se caracterizaron también por la inestabilidad política como resultado de pugnas internas por el poder y sucesivas intervenciones extranjeras —incluyendo una guerra contra los Estados Unidos y por la que México perdió prácticamente la mitad de su territorio. Una dictadura canceló finalmente el proyecto reformista y supuso iniciar el siglo XX con un nuevo enfrentamiento entre los mexicanos. La revolución iniciada por Francisco I. Madero tuvo como reclamo principal el reconocimiento a la validez del voto y la no-reelección, pero otro

---

[50] Octavio Paz, "Postdata", en *El laberinto de la soledad. Postdata. Vuelta a El laberinto de la soledad,* FCE, México, 1994, p. 297.
[51] Alejandro de Humboldt, *Ensayo político sobre el reino de la Nueva España*, Porrúa, México, 2002, p. 95.

sector del movimiento abanderó la causa de la pobreza campesina y la desigualdad social. La nueva Constitución de 1917 buscó enfrentar el atraso y, en consecuencia, el Estado que bajo esta concepción surgió entonces fue concebido como el principal, y prácticamente único, agente de transformación social.

Sin embargo, la tarea asignada al Estado de transformar una sociedad atrasada concentró los poderes en la cúpula gobernante y su partido único. El resultado de lo anterior fue el atraso también económico-político y, lo que quizás es ahora más importante, la imposibilidad de consolidar una sociedad civil autónoma e independiente. En la experiencia del México del siglo XX podemos encontrar así el esfuerzo constante por impulsar la apertura a la participación política. Pero la sociedad ha terminado por estrellarse, una y otra vez, ante estructuras cerradas de poder (políticas y económicas). De esta manera ocurrió en 1968, pero del mismo modo luego de las elecciones del año 2000 que por primera vez hacían posible la alternancia en el poder y abrían la puerta a la democracia. Pareciera que a lo largo de la historia de la sociedad mexicana siempre ha habido una instancia que ha terminado por tomar las decisiones que en realidad solo conciernen a la propia ciudadanía. México es aún un país en búsqueda de identidad; fundado en dos raíces de cuando en cuando reconocidas, de cuando en cuando negadas, y en realidad hasta ahora no plenamente asumidas. Pero la cuestión en torno a la identidad se juega también en México sobre todo en el plano político. En este caso, esta búsqueda de identidad se centra, todavía, en la disyuntiva de tradición o modernidad.

Ahora bien, la ausencia de desarrollo económico ha permitido mantener, en la sociedad mexicana, estructuras familiares y de solidaridad. Esta solidaridad se pone de manifiesto, por ejemplo, ante la presencia de catástrofes (nacionales e internacionales) o cuando la convocatoria surge de la propia iniciativa social ciudadana; es decir, más allá de los partidos políticos y el gobierno. Al mismo tiempo, la experiencia de una sociedad que una y otra vez ha querido ser, sin poder consolidarse, hace posible su mejor expresión cuando encuentra condiciones mínimas de reconocimiento.

Y esto es, en efecto, lo que de alguna manera ha sucedido con los mexicanos que, expulsados de su propio país ante la ausencia de oportunidades y un orden económico injusto, emigran hacia Estados Unidos. Allí enfrentan discriminación y, hasta hace unos años, convivían bajo reglas radicalmente diferentes a las suyas y en el ambiente extraño que inevitablemente termina por imponer la práctica de una lengua distinta de la materna. No obstante, la retribución económica a su trabajo —aun cuando ella ha sido en la mayoría de los casos injusta— les ha llevado a adaptarse, a sostener sus familias en sus lugares de origen y, sobre todo, a desplegar su mejor esfuerzo. De alguna manera, personas como Villaraigosa representan en la actualidad la idea del *"self-made man"*: el alcalde superó los obstáculos de la pobreza, la discriminación racial, una familia disfuncional y la vida en el *ghetto* y ha terminado por forjarse, con la ayuda de la educación, una carrera política exitosa en buena medida por su actitud de apertura y por su capacidad para volver reflexiva una experiencia —la suya— que es en realidad compartida por muchos.[52]

Estudios recientes valoran el impacto favorable de los hispanos en la economía —local y nacional— de los Estados Unidos. Según investigadores de la Universidad de Carolina del Norte en Chapel Hill, en 2004 la población hispana en ese estado fue de 600 913 habitantes (7% del total) y sus ingresos netos sumaron cerca de 8.3 billones de dólares. 80% de ese ingreso se destinó a gastos que beneficiaron a la economía local[53] y el 20% restante fue ahorrado, invertido en el pago de intereses o enviado a sus familias fuera de Estados Unidos. Los investigadores titulares del estudio universitario terminan sugiriendo al estado

---

[52] Con 57% de los votos emitidos en su favor, el 3 de marzo del 2009 el alcalde Villaraigosa logró reelegirse en la primera vuelta.

[53] El impacto económico total (en compras, impuestos y trabajo) se calcula de 9.2 billones de dólares. El estudio, dado a conocer en enero del 2006, puede conseguirse a través de: kenaninstitute.unc.edu.

implementar políticas y procedimientos que hagan a un lado los obstáculos para potenciales emprendedores hispanos como un esfuerzo para desarrollar nuevos negocios. El propio alcalde de Nueva York ha reconocido la fuerza económica de los inmigrantes cuando señaló que la economía de su ciudad, así como también la de Estados Unidos, se "colapsaría[n]" si los inmigrantes indocumentados fueran deportados en masa. Nueva York es la casa de más de 3 millones de inmigrantes y 500 000 de ellos llegaron de manera ilegal.[54]

Esta capacidad de aprendizaje de los inmigrantes no solo se manifiesta en lo laboral y económico, sino también en lo político. Así hemos podido constatarlo con las marchas de inmigrantes realizadas en diversas ciudades de Estados Unidos. Más de medio millón de inmigrantes —en su mayoría mexicanos— marcharon por el centro de Los Ángeles el 25 de marzo de 2006. Días antes, lo habían hecho más de cien mil en Chicago y decenas de miles en Denver, Phoenix, Milwaukee y otras ciudades.[55] Las manifestaciones, organizadas bajo el reclamo legítimo del respeto a sus derechos humanos, se llevaron a cabo con orden, de manera pacífica e, incluso, con muestras de alegría. Estas manifestaciones nos han mostrado a una población consciente de sus derechos y, con ello, de su poder: en uso legítimo de su libertad de expresión, garantizada por la Primera Enmienda de Estados Unidos, han demandado a través de los medios de la democracia que sus derechos sean reconocidos. El hecho de que quienes han salido a las calles a manifestarse —muchos de ellos saliendo incluso de una vida en las sombras— representan también una importante fuerza económica, no puede sino traer a la memoria el lema "No impuestos sin representación" que estuvo a la base del reclamo

---

[54] "N. Y. Mayor: keep immigrants", en *The Miami Herald,* edición internacional, 6 de julio de 2006, p. 3A.
[55] Los días 10 de abril y 1 de mayo del mismo año se llevaron a cabo otras manifestaciones de protesta.

político que dio lugar a la lucha de independencia frente a la corona.

El efecto que han tenido las marchas no ha sido menor. En primer lugar, han hecho posible un cambio en la perspectiva desde la que el Congreso de Estados Unidos tendrá que enfrentar en el futuro cercano el problema de la migración. También la guerra contra el terrorismo parecía en este tema haber determinado el tono de encono con el que se hablaba entre los Representantes (H.R. 4437) de criminalizar la inmigración ilegal y de construir muros fronterizos infranqueables. La iniciativa aprobada por el Senado (S. 2611), en cambio, elimina la criminalización pero, sobre todo, permite acceder a la ciudadanía a quienes han estado en el país más de cinco años (se estima que serían 7 millones de indocumentados) luego de pagar multas e impuestos y establece, además, un programa de trabajadores temporales. La iniciativa senatorial incluye también medidas para reforzar la seguridad en la frontera.

Incluso el propio presidente Bush insistió entonces en reconocer la importancia económica de los inmigrantes y asumió así que la solución al problema tendría que pasar por medios necesariamente legales, pues muchos de los inmigrantes han adquirido ya el derecho a la residencia. En el caso del presidente Obama, sin duda su experiencia política y comunitaria habrá de ser un factor importante en la reconsideración de la reforma migratoria. Cabe destacar, por último, que en el espacio de la opinión pública una encuesta publicada por la revista *Time* a fines de marzo del 2006, señalaba que 79% de los estadounidenses favorece un programa de trabajadores huésped que permitiría a los indocumentados permanecer allí por un tiempo determinado. Según el mismo estudio, 78% aprueba que tengan acceso a la ciudadanía si cumplen con los requisitos establecidos.

Las movilizaciones en favor de los derechos de los trabajadores inmigrantes han dado lugar también a un nuevo fenómeno político que podríamos denominar "ciudadanía por elección". La conciencia en torno a sus derechos ha tenido como consecuencia que muchos de quienes originalmente fueron expulsados de sus países por la precariedad económica y/o la falta de oportunidades, han finalmente decidido, con el paso del tiempo, integrarse plenamente al lugar que les ha acogido estableciendo sus vidas de manera definitiva; por ejemplo, buscando ejercer derechos que les corresponden como el de elección en el 2008, pero también el de residencia y ciudadanía: de acuerdo con la oficina de Servicios de Inmigración y Naturalización de los Estados Unidos, durante los tres primeros meses del 2006 la cantidad de solicitudes de naturalización de residentes permanentes aumentó en 19% con relación al mismo periodo del año pasado. Tan solo en el mes de marzo del 2006, los visitantes del servicio web de la United States Citizenship and Immigration Services (USCIS) descargaron 162 mil solicitudes de ciudadanía.[56] Las proclamas que acompañaron las manifestaciones multitudinarias pronto pasaron del "No somos criminales", al "Nosotros somos América".

Todo proceso de integración a la ciudadanía supone necesariamente tanto el reconocimiento jurídico de derechos, como desde luego la aceptación de las obligaciones también de carácter jurídico que se derivan de dicho reconocimiento. Es este tipo de relación el que empiezan a asumir quienes se deciden a reclamar su derecho a la ciudadanía. Integrarse supondrá aceptar las reglas establecidas. Es una situación por lo menos paradójica —aunque es más bien abiertamente contradictoria con la idea misma del ciudadano— el derecho a la ciudadanía garantizado a quienes sirven en el frente de guerra o caen combatiendo en nombre de un país que no les reconoce plenamente, mientras que quienes han contribuido a la prosperidad económica y buscan la vía legal tienen que recorrer una ruta en muchas ocasiones larga, tortuosa y sin garantías de éxito.

Estructuras familiares y de solidaridad, así como afán de reconocimiento, pero también bilingüismo y experiencia bicul-

---

⁵⁶ Adrián Campo-Flores, "El próximo paso es una gran marcha", en *Newsweek en español*, vol. II, núm. 20, 22 de mayo de 2006, p. 14.

tural —imprescindible en un mundo cada vez más globalizado— son todos elementos valiosos que aportan los hispanos a Estados Unidos. No obstante, esta presencia hispana supone, sin duda, una situación novedosa en su larga tradición de integración. Se trata de una migración que incorpora una lengua distinta, pero que además busca reproducir en el país su cultura y costumbres. Las ciudades de acogida han terminado por desarrollar colores y sabores hispanos; no se trata, para ellos, de perder su identidad para asumir sin más una nueva. Esta es, insistimos, una situación novedosa que de alguna manera desafía lo que se ha conocido como la cultura del *melting pot*. Tal vez habría que empezar a pensar aquí en el tránsito del *melting pot* a una sociedad integrada por culturas diferentes, pero vinculadas por (y comprometidas con) principios universales y morales como el del respeto a los derechos humanos, principios que precisamente por ser universales y morales tienen un carácter mucho más comprensivo.

De acuerdo con datos del Censo, 49% del crecimiento demográfico registrado en Estados Unidos entre los años del 2000 al 2004 fue de origen hispano (6 015 692 nuevos nacimientos con esa raíz). En julio de 2004 el número de hispanos alcanzó la cifra de 41.3 millones de una población de casi 293.7 millones. Entre los principales grupos raciales y étnicos del país, son los que tienen la mayor tasa de crecimiento. La oficina del Censo reporta también que la población hispana es predominantemente joven: la mitad son menores de 27 años, mientras que los blancos no hispanos tienen en promedio más de cuarenta. De entre los menores de 18 años, uno de cada cinco es hispano.[57] Lo anterior contribuye, sin duda, a que Estados Unidos no experimente, hasta ahora, el serio problema de envejecimiento de la población que aqueja a los países desarrollados.

La situación de los inmigrantes en Estados Unidos es un tema que ya no puede ignorarse. Se trata no de un problema de interés

---

[57] "Hispanic growth surge fueled by births in U.S.", D'Vera Cohn, *The Washington Post*, 9 de junio de 2005.

económico, sino de derechos humanos y es, además, una realidad manifiesta. Posponer entonces una reforma migratoria integral por asuntos coyunturales o por "estrategia política", solo supondrá posponer la decisión en torno a una realidad que ha marcado ya la configuración económica, política, social y hasta cultural de Estados Unidos. Como nos lo demostró Katrina, aplazar la solución a los temas urgentes solo sirve para potenciar la gravedad de la problemática y sus posibilidades de salida. Además, la cuestión migratoria en Estados Unidos no puede ser ya más solo un tema de la agenda de la política interior o de seguridad. Tiene que ser también un aspecto importante de la política exterior, lo que supondría el apoyo financiero y en términos del desarrollo de los países económicamente deprimidos.

Tarde o temprano Estados Unidos tendrá que volver la mirada hacia América Latina. Con el mundo organizado en regiones económicas, Estados Unidos tendrá que impulsar al continente en el que está ubicado geográficamente para alcanzar un mayor intercambio económico. El Tratado de Libre Comercio entre Canadá, los Estados Unidos y México no ha producido hasta ahora los resultados esperados y, en el caso de México, la relación ha sido en algunos aspectos desventajosa. El que la desigualdad social y la ausencia de crecimiento económico se agudicen en las sociedades latinoamericanas resulta contraproducente para Estados Unidos. Bajo estas condiciones, la inestabilidad económica y política definirían la situación de esos países. El problema de la migración y del desarrollo económico solo podrá enfrentarse desde una América unida.

Vale la pena recordar aquí el acercamiento que en los años sesenta tuvo Estados Unidos con el resto de América. Entonces, el presidente Kennedy reclamó una "Alianza por el progreso" entre los países americanos. Una alianza, dijo, como esfuerzo cooperativo, sin paralelo en magnitud y nobleza de propósito, para satisfacer las necesidades básicas de vivienda, trabajo, tierra, salud y escuelas. Lo que desde nuestra perspectiva conviene subrayar de este proyecto es que partía del reconocimiento de un pasado común. Kennedy, en efecto, se refería a la historia que compartían los países americanos. Nuestras naciones, dijo, son el resultado de una lucha común, de una revuelta en contra del régimen colonial. Y nuestros pueblos, señaló también, comparten una herencia: la búsqueda de la dignidad y la libertad de la persona. Kennedy incluso citaba a Benito Juárez —el "gran patriota mexicano" decía— en su idea de la democracia como el destino de la humanidad futura.[58] Difícilmente puede encontrarse una coincidencia mayor entre países distintos que cuando se asume un pasado común y propósitos de realización futura también comunes.

Estados Unidos y América Latina comparten efectivamente más de lo que a primera vista podemos reconocer: un pedazo de tierra en el mismo continente, una larga frontera y una economía estrechamente vinculada. Son ambas, desde luego, culturas mestizas del nuevo mundo que luego de su experiencia colonial tuvieron que buscar una identidad política y cultural propia. La cultura hispana, por su parte, hunde sus raíces en un pasado también de grandes alcances, como lo representa el *Quijote* y la tradición literaria en lengua española. Hoy en día, América Latina es un continente de sangre joven, con mejores niveles de educación y que solo puede mirar al futuro, sobre todo cuando la mayoría de los países que la integran han finalmente dejado atrás experiencias autoritarias y empiezan a construir su propia tradición democrática. Es importante señalar también que la experiencia indica que las sociedades latinoamericanas tienden a mostrar apertura hacia lo extranjero. El respeto y la cooperación entre Estados Unidos y América Latina solo podrá traer beneficios a ambas sociedades. En este sentido, América Latina tiene un papel importante que jugar propiciando la creación de empleos y la promoción del desarrollo que aliente a sus ciudadanos a permanecer en sus países de origen. Y está desde luego el

---

[58] Véase "President John F. Kennedy calls for an Alliance for Progress, 1961", en *Major problems in American History...*, pp. 240-242.

problema humanitario que suponen los cruces fronterizos y que deben atender, de manera urgente, México y Estados Unidos.

El debate de la reforma migratoria en Estados Unidos supone mucho más que una discusión sobre un problema económico o, para decirlo con otras palabras, supone mucho más que una discusión sobre la capacidad del país para incorporar mano de obra necesaria para una sociedad que se permite discriminar sobre los trabajos que desea o no hacer. Se ha empezado ya a hablar, por ejemplo, de un renacimiento del movimiento en favor de los derechos civiles; de que el debate en el Congreso refleja la lucha de la nación por "definirse a sí misma".[59] El debate involucra así el profundo tema de la identidad. Y en este aspecto en realidad tampoco hay nada que temer. En la historia de un país, las crisis de identidad resultan siempre un periodo fructífero en la medida en que suponen un momento de reflexión que propicia el autoconocimiento, consolidándose al mismo tiempo la identidad propia y una actitud de aceptación a lo distinto.

Fue el reclamo de derechos de representación lo que empezó a quebrantar el vínculo de las trece colonias norteamericanas con la metrópoli. Pero lo que finalmente los llevó a la decisión de la independencia fue la conciencia de su igualdad con los ingleses: es una verdad auto-evidente, se consigna al inicio de la Declaración de Independencia, que todos los hombres han sido creados iguales. Y a seres humanos iguales entre sí, no pueden sino corresponder derechos iguales. Ahora esta conciencia de la igualdad debe extenderse al resto del mundo. Pueden señalarse por lo menos dos de los pilares de la identidad americana que están en juego en el debate migratorio: el de su tradicional apertura con relación a las diferencias culturales y el de su compromiso con los derechos humanos, lo que se ha traducido en el reconocimiento y promoción de los mismos.

---

[59] "Republican split on immigration reflects nation´s struggle" (Rachel L. Swarns, *The New York Times*, 29 de marzo de 2006).

Y si la democracia supone un régimen político con base en la igualdad entre los seres humanos, la migración constituye un reto a su capacidad para extender el reconocimiento de derechos a mayores sectores de la población, así como para propiciar un desarrollo equitativo entre las naciones. Los llamados países del primer mundo no pueden seguir tolerando en su interior masas de habitantes de segunda clase, sin derechos de participación y muchas veces, incluso, sin niveles mínimos de bienestar. Si la democracia supone además una racionalización de nuestra convivencia a partir de fines comunes autoimpuestos, entonces tendrá que ser capaz de dejar de privilegiar al *homo economicus* para ubicar el desarrollo económico en su justa dimensión y propiciar, en cambio, el desarrollo libre e integral de la persona.

Consideraciones finales

¿Una civilización al borde mismo del naufragio?
Saul Bellow, *El diciembre del decano*

"Éstos son los tiempos que ponen a prueban el alma de los hombres", escribió Thomas Paine cuando la lucha por la independencia de Estados Unidos atravesaba por un momento difícil. Pero quizás esta afirmación, con la que se inicia el documento titulado *La crisis*, ha cobrado nueva vigencia si tomamos en cuenta la situación de Estados Unidos hoy: las consecuencias que ha tenido —en el país y en el mundo— la guerra contra el terrorismo, la severa crisis económica, las desigualdades que persisten y la nueva sociedad que se está configurando.

El surgimiento de Estados Unidos como país supuso la decisión consciente de organizarse como una sociedad libre, sin sujeción alguna. Posteriormente, tendrían que afirmar su compromiso con la libertad frente a la esclavitud, con lo que los beneficios de la misma se extendieron a quienes injustamente habían sido negados. Y el nuevo reto que la desigualdad y la pobreza plantearon con la Gran Depresión al ejercicio de la libertad también fue asumido desde una reconsideración del papel del Estado. Finalmente, Estados Unidos estuvo del lado de la libertad a lo largo de un siglo XX que vio surgir nuevas formas de opresión: el totalitarismo, en particular. En todos estos momentos, la defensa de la libertad en Estados Unidos partió de una visión amplia y generosa de los derechos y de su orden legal, buscando siempre no solo asegurar la garantía legal de la libertad, sino también su ejercicio. En este sentido, es posible afirmar que la sociedad estadounidense ha encontrado siempre en la interpretación conjunta de sus documentos fundacionales los elementos normativos necesarios para ampliar su concepción de la libertad, así como para dar lugar a los procedimientos e instituciones necesarios para profundizar y volver efectiva su experiencia.

No obstante, el mundo con el que se inicia el siglo XXI es testigo ahora de una defensa de la libertad que, como hemos visto, pareciera empezar por quebrantar los derechos individuales y recortar las libertades civiles. Es así que esta nueva forma de defensa de la libertad termina más bien por limitar —cuando no inhabilitar— a la misma. Lo anterior puede explicarse por el protagonismo que en la vida pública han adquirido las élites políticas y los grandes intereses económicos en detrimento de la sociedad civil. No son de esta manera los fines sociales los que orientan la política pública de Estados Unidos, como no es tampoco la idea de las libertades individuales y los derechos ciudadanos la que norma la interpretación de su orden legal. La voz de la sociedad civil ha sido acallada y, cuando logra hacerse escuchar, lo que parece expresarse es una voz todavía atemorizada, presa del miedo, de la incertidumbre y que, desde el 11 de septiembre de 2001, no encuentra explicaciones satisfactorias a su nueva situación. Las ceremonias que año con año conmemoran a los caídos en las Torres Gemelas son un testimonio elocuente del dolor compartido entre los ciudadanos.

El presidente Bush, en efecto, vinculó en su discurso la seguridad en Estados Unidos con "el resultado de la batalla en las calles de Bagdad". Además, trató de ubicar la guerra en Irak en el contexto de una batalla épica entre la "tiranía" y la "libertad" diciendo que la campaña en contra del terrorismo global era la "batalla ideológica decisiva del siglo XXI y la tarea de nuestra generación".[1] Con el paso del tiempo, al miedo y la incertidumbre del 11 de septiembre parece haberse sumado el malestar, el enojo frente a una crisis —ahora además de carácter económico— que se ha trasladado al interior mismo del país. Es este conjunto de hechos el que pareciera en ocasiones turbar la razón y la voluntad de los estadounidenses de manera tal que les impide reconocer que, históricamente, ha sido su defensa de los derechos indi-

---

[1] "In prime-time address, Bush says safety of U.S. hinges on Iraq", en *The New York Times*, 12 de septiembre de 2006.

viduales, el Estado de derecho y la tolerancia frente a la pluralidad de formas de vida lo que en realidad les ha permitido desarrollarse como una sociedad estable. Y tanto la democracia como la libertad corren serios riesgos cuando un gobierno que reclama poderes extraordinarios —en este caso por su "lucha contra el terrorismo"— se enfrenta además a una sociedad civil en crisis.

Otro factor que contribuye a explicar esta situación tiene que ver también, sin duda, con el peculiar desarrollo que ha seguido el mundo moderno. Luego de la inauguración de una etapa de la humanidad que, marcada por la idea de la libertad y los derechos humanos, no podía sino resultar prometedora, su configuración práctica ha terminado —al parecer— por circunscribir nuestra idea de la libertad a aquello que tiene que ver con el mercado. Ello sobre todo en Estados Unidos como resultado de su rápido y espectacular desarrollo económico. El discurso ideológico-político en torno a los derechos humanos pareciera privilegiar sobre todo aquel tipo de derechos que resguardan la vida privada, y no, en cambio, aquellos otros que nos permitirían pensar y realizar fines compartidos, lo que contribuiría a su vez a trasladar la política de las manos de las burocracias y los especialistas, al quehacer ciudadano y de la sociedad civil organizada. El reclamo y deseo de libertad, lejos de constituirse hoy en día en el punto de partida para una vida propiamente moral, pareciera más bien terminar por someternos al yugo del poder económico. Nuestra concepción de la libertad se reduce así a la libertad de consumo, a la libertad de elección de la profesión que nos permitirá acceder a un "alto" nivel de vida. Y la ruta económica, seguida como fin en sí misma, termina por conducirnos a un callejón sin salida, no a una vida moralmente libre.

La desigualdad social en Estados Unidos plantea una serie de problemas de entre los cuales quizás el de carácter estrictamente económico —a pesar de su profundidad— sea el menos grave. De mayor gravedad son, desde nuestro punto de vista, la quiebra del vínculo social, la falta de solidaridad y de confianza (con el consecuente ascenso del egoísmo), así como el riesgo de enfrentamiento entre distintos sectores de la sociedad civil. Fue la desigualdad social y económica la que dejó a su suerte, paralizados, indefensos y desprotegidos, a miles de ciudadanos de Nueva Orleáns. A lo anterior hay que sumar tanto la avaricia como un Estado ajeno al bienestar de la población; ambos han terminado por dejar, en tan solo dos años, a más de un millón de personas sin sus casas,[2] y a muchísimos más sin sus empleos y sin perspectiva alguna de futuro.

La profunda crisis por la que atraviesa hoy Estados Unidos podría dar lugar incluso al agotamiento de su gran proyecto político y social iniciado en 1776. El "espíritu americano" que lo concibió, lo construyó y lo alimentó a lo largo de los años pasaría así a ocupar un lugar más en las páginas de la historia como la iniciativa audaz que alguna vez emprendieron un puñado de inmigrantes decididos, pero como un proyecto no realmente concretado que habría tropezado, finalmente, con el egoísmo, el interés privado, la falta de visión y de generosidad humanas. Pero Estados Unidos podría también, por el contrario, recuperar su historia política como elemento fundamental de su reorganización actual.

Podría, por ejemplo, recuperar en la vida pública lo que cabría denominar el "espíritu de Lincoln", es decir, la fuerza insuperable que suponen las convicciones morales y, al mismo tiempo, el empleo de sus recursos jurídicos y constitucionales en favor de una sociedad plural integrada por seres humanos libres e iguales. Lincoln tuvo, cabe subrayarlo, un sentido universal de la justicia. Así, Estados Unidos podría retomar el proyecto consciente de una sociedad humana libre. Pero una condición indispensable de lo anterior es ahora rescatar ese proyecto, desvincular la realización del mismo de la obsesión por la guerra, una guerra de la que no puede simplemente decirse que se combate al otro lado del mundo, sino que —como hemos visto— sus consecuencias

---

[2] Para octubre del 2008 más de un millón de personas habían perdido sus casas, según editorial de *The New York Times* (5 de octubre de 2008).

han terminado por convertirse en un serio riesgo para la libertad. Otro elemento fundamental, en este sentido, tiene que ver con la participación de la ciudadanía en la reconsideración del proyecto, una participación que, por ejemplo, les permita discutir pública y abiertamente su futuro como nación y, ahora en particular, las condiciones de justicia y equidad que allí prevalecen como sustento de la libertad. A lo largo de su historia, Estados Unidos ha pasado por momentos de amplia e importante discusión pública, como ocurrió con el debate por la Constitución, o en el siglo XIX sobre el esclavismo y el futuro de la Unión, o luego de la depresión del 29 y también con la guerra en Vietnam.

El fin del proyecto político y social de 1776 pondría también en serio riesgo el proyecto moderno de autonomía y, por tanto, de autogobierno. Como lo señalábamos al inicio del libro, Hamilton advertía ya —en el contexto del debate por la Constitución— que lo que entonces allí se resolviera incidiría también en la cuestión relativa a si las sociedades humanas son capaces o no de establecer un buen gobierno por su decisión y reflexión propia o si, por el contrario, están por siempre destinadas a fundar sus constituciones políticas en el accidente o la fuerza. Somos, en muchos sentidos, contemporáneos del proyecto de libertad tanto de los padres fundadores, como el de la ilustración europea. Este proyecto de la libertad no puede sucumbir entonces ante el interés económico y egoísta, o por "la pasión fatal por las riquezas llovidas del cielo" y, en este sentido, por una forma peculiar de buscar la felicidad que ha tendido siempre a "extinguir todo sentimiento de deber moral o político".[3]

Estados Unidos, una sociedad tradicionalmente abierta al interior, con una integración plural y que ha permitido en distintos momentos de su historia la libre expresión y desarrollo de formas de vida en muchas ocasiones disímbolas entre sí, una sociedad que incluso se ha visto beneficiada con las grandes oleadas

---

[3] Palabras del juez Pendleton citadas por Arendt en su libro *Sobre la revolución*, Alianza Editorial, Madrid, 1988, p. 138.

migratorias, parece ahora sin embargo cerrada al exterior. Y ello justo cuando la integración del mundo pareciera ser condición indispensable de la civilización humana. Cabe recordar aquí, sin embargo, que luego del desastre causado por Katrina Estados Unidos necesitó al mundo. Y el mundo estuvo allí para enviar ayuda: alimentos, medicamentos, rescatistas. México en particular, el país vecino con quien sostiene relaciones desiguales, envió un contingente marino y militar que estuvo ayudando en la alimentación y atención médica de miles de damnificados, así como en las labores de limpieza.

La guerra contra el terrorismo terminó por dividir a Estados Unidos, pero también al mundo entero. Así pudimos constatarlo en las discusiones desarrolladas en el seno de la ONU. La guerra contra el terrorismo violentó también las relaciones entre los países. Después del 11 de septiembre vino el 11 de marzo de 2004 en Madrid y el 7 de julio de 2005 en Londres, por destacar solo los hechos de mayores consecuencias. Los actos de terrorismo son, y esto debe decirse claramente, injustificables. Pero lo cierto también es que la guerra en Irak y el intento de imponer allí un sistema democrático de acuerdo con lo que al respecto entiende Estados Unidos ha creado un clima de encono internacional. Lo sucedido con las Torres Gemelas de Nueva York instaló el terror en la conciencia cotidiana de los estadounidenses y, en el resto de Occidente, por lo menos sembró la duda en torno a la seguridad. Para todo habitante de Occidente, la posibilidad de sufrir un atentado es real. Ningún lugar parece ahora estar libre de esa posibilidad y las medidas de seguridad parecen siempre insuficientes. Esta situación de miedo permanente es un efecto más del terrorismo.

Con esta guerra, además, Occidente ha volcado buena parte de sus esfuerzos al combate del terror y ha dejado de lado la atención a problemas urgentes como, por ejemplo, la hambruna en África, la pobreza que se extiende, el cambio climático que amenaza la vida, la migración que se incrementa, el desarrollo que se estanca o se vuelve francamente imposible. El mundo ha dejado de lado, en suma, la tarea pendiente de esforzarse en alcanzar las condiciones necesarias capaces de propiciar formas de convivencia civilizada. Los problemas sociales y humanos de hoy requieren de soluciones igualmente audaces y complejas. El orden internacional necesita, así, de una suerte de reconstrucción común que reestablezca, en primer lugar, la legalidad en la relación entre los países y propicie de esta manera un orden público en el que sea posible definir y enfrentar de forma compartida los problemas de hoy. No serán el enfrentamiento ni la imposición, sino las relaciones en condiciones de igualdad lo que podrá dar lugar al surgimiento de sociedades libres capaces, a su vez, de defender y proteger las libertades en el mundo. En la actualidad, debiera resultar claro para todos que no hay futuro individual (de personas o países) viable y que, por el contrario, los seres humanos se necesitan cada vez más entre sí. También el mundo es una empresa cooperativa para beneficio mutuo.

Es el momento de volver al Estado de derecho como única salida y promover las libertades ciudadanas, el compromiso con lo público, la solidaridad e integración social, la apertura internacional. Que la expectativa de un nuevo comienzo, recién inaugurada con las elecciones presidenciales del 2008, suponga la implicación de la sociedad en esta tarea común de reconstrucción frente a los poderes establecidos, los grandes intereses e, incluso, las inercias enquistadas. Gran parte de los países del mundo experimentan problemas similares a los que atraviesa Estados Unidos. La diferencia radica, sin embargo, en las distintas capacidades que tienen para afrontarlos. Y Estados Unidos tiene aún posibilidades al respecto. Falta saber si tendrá la voluntad, así como el valor, para construir una sociedad justa y también, desde luego, un mundo mejor.

Bibliografía

Almond, Gabriel y Sidney Verba. *The civic culture. Political attitudes and democracy in five nations*, Little, Brown and Company, Boston, 1965.

Arendt, Hannah. *Sobre la revolución*, Alianza Editorial, Madrid, 1988 (Universidad, 536).

Bellow, Saul. *El diciembre del decano*, Debolsillo, Barcelona, 2005, (Contemporánea).

Bellow, Saul. *Todo cuenta*, Debolsillo, México, 2007, (Contemporánea).

Bernstein, R. B. (intr.). *The Constitution of the Unites States with the Declaration of Independence and the Articles of Confederation*, Barnes and Noble, Nueva York, 2002.

Cassirer, Ernst. *Rousseau, Kant, Goethe. Filosofía y cultura en la Europa del siglo de las luces*, FCE, México, 2007 (Breviarios, 516).

Delbanco, Andrew (ed.). *The portable Abraham Lincoln*, Penguin Books, USA, 1992.

Delillo, Don. *Cosmópolis*, Seix Barral, 2003.

Dewey, John. *La reconstrucción de la filosofía*, Planeta-Agostini, Barcelona, 1993.

Eco, Umberto. *Cinco escritos morales*, Lumen, Barcelona, 2000.

Fast, Howard. *El ciudadano Tom Paine*, Seix Barral, Barcelona, 1999 (Biblioteca Fomentor).

Flexner, James T. *Washington. The indispensable man*, Mentor Books, Chicago, 1979.

Franklin, Benjamin. *The way of wealth*, Applewood Books, Bedford, MA, 1986.

Franklin, Benjamin. *Autobiografía y otros escritos,* Porrúa, México, 2001 (Sepan Cuantos, 391).

Galbraith, John K. *La sociedad opulenta*, Planeta-Agostini, Barcelona, 1992.

Godechot, Jacques (pres.). *Les constitutions de La France depuis 1789*, Garnier-Flammarion, Paris, 1970.

Griffith, Robert (ed.). *Major problems in American history since 1945. Documents and essays*, Heath and company, Lexington, D. C., 1992.

Habermas, Jürgen. *Facticidad y validez. Sobre el derecho y el Estado democrático de derecho en términos de teoría del discurso*, Trota, Madrid, 1998 (Colección estructuras y procesos, Serie Filosofía).

Harrington, Michael. *La cultura de la pobreza en los Estados Unidos*, 2ª. ed., FCE, México, 1965 (Colección Popular, 49).

Hamilton, Alexander, Madison James y John Jay. *El federalista*, FCE, México, 1994.

Historia Universal, Espasa Calpe, España, 2002.

Humboldt, Alejandro de. *Ensayo político sobre el reino de la Nueva España*, Porrúa, México, 2002 (Sepan Cuantos, 39).

Huntington, Samuel P. *¿Quiénes somos? Los desafíos a la identidad nacional estadounidense*, Paidós, México, 2004.

Johnson, Paul. *Estados Unidos: la historia*, Javier Vergara Editor, Barcelona, 2001.

Kammen Michael (ed.). *The origins of the American constitution. A documentary history*, Penguin Books, Nueva York, 1986.

Lessing, Doris. *Alfred & Emily*, Harper, USA, 2008.

Lipset, Seymour Martin. *El hombre político*, Rei, México, 1993.

Mendieta, Eduardo (ed.). *Cuidar la libertad*, Trotta, Madrid, 2005 (Colección estructuras y procesos, Serie Filosofía).

Mills, C. Wright. *La élite del poder*, FCE, México, 1973.

Morgan, Edmund S. *The birth of the republic. 1763-89*, 3a. ed., University of Chicago Press, Chicago, 1992.

Morrison, Toni. *Beloved*, Ediciones B, Barcelona, 1999.

Offe, Claus. *Autorretrato a distancia. Tocqueville, Weber y Adorno en los Estados Unidos de América*, Katz Editores, Buenos Aires, 2006.

Paine, Thomas. *Political writings*, 2a. ed., Cambridge University Press, Cambridge, 2000 (Cambridge Texts in the History of Political Thought).

Paz, Octavio. *El laberinto de la soledad. Postdata. Vuelta a El laberinto de la soledad*, FCE, México, 1994 (Colección Popular, 471).

Rawls, John. *Liberalismo político*, FCE, México, 1995.

Rawls, John. *Teoría de la justicia*, 2a. ed., FCE, México, 1995 (Obras de Filosofía).

Rawls, John. *Collected Papers*, Samuel Freeman (ed.), Harvard University Press, Cambridge, Massachusetts, 2001.

Rodilla, M. A. (ed.). *Justicia como equidad. Materiales para una teoría de la justicia*, Tecnos, Madrid, 1999.

Roth, Philip. *Pastoral Americana*, 3ª. ed., Punto de Lectura, España, 2001.

Rousseau, Jean-Jacques. *Del contrato social*, Alianza, Madrid, 1998.

Saunders, George. *Lincoln en el Bardo*, Seix Barral, México, 2018.

Schlesinger (Jr.), Arthur M. *The cycles of american history*, Mariner Books, USA, 1999.

Sontag, Susan. *En América*, 2ª. ed., Punto de Lectura, España, 2004.

Steinbeck, John. *Las uvas de la ira*, Ediciones Nacionales Círculo de Lectores, Bogotá, 1979.

Stowe, Harriet B. *Uncle Tom´s Cabin*, Norton Critical Editions, USA, 1993.

Tocqueville, Alexis de. *La democracia en América*, 2ª. ed., FCE, México, 1994.

Wolfe, Tom. *Todo un hombre*, Ediciones B, Barcelona, 1999.

Fuentes hemerográficas:

El País, edición internacional México, *El Universal, Foreing Affairs, La Jornada, Los Angeles Times, National Geographic. En español, Newsweek, Newsweek en español, Pew Hispanic Center, Reforma, The Miami Herald,* edición internacional, *The New York Times, The Washington Post, Time, Usatoday*

Sobre la autora

Suzanne Islas Azais es Doctora en Humanidades (área de Filosofía Política) por la Universidad Autónoma Metropolitana (Iztapalapa-México) con la tesis "Kant y el problema de la libertad moderna" (2004). Ha publicado artículos sobre este autor en revistas nacionales y extranjeras, así como artículos y capítulos de libros sobre Jürgen Habermas, John Rawls y Octavio Paz, entre otros.

Otros títulos de Contraste Editorial

Colección Testimonio

Fernando Pineda Ochoa. *Balada Marina y otras Historias* (2013).

Javier Balladares Gómez y Yared Elguera Fernández (Compiladores). *Ayotzinapa y la Crisis Política de México* (2016).

Colección Humanidades

Benedicto XVI y Francisco. *Fe, Esperanza y Caridad. Tres Encíclicas* (2014).

Gabriel Amengual, Ronald Beiner, Mauricio Beuchot, John Dunn, Otfried Höffe, María Pía Lara, Sergio Pérez, Francisco Piñón, Viridiana Platas, Jorge Rendón, Roberto R. Aramayo y Gabriel Vargas. *Filosofía y Sociedad hoy. Una conversación* (2017).

John Rawls (entrevista), Roberto Gargarella, Paulette Dieterlen Struck, Emilio Martínez Navarro, Juan Ormeño Karzulovic y Thomas Pogge. *A cincuenta años de Teoría de la justicia* (2021).

Colección Ensayo

Gustavo Leyva Martínez, Jesús Rodríguez Zepeda, Guillermo Flores Miller, Suzanne Islas Azaïs y Jorge Rendón Alarcón. *Octavio Paz, México y la Modernidad* (2014).

Gerardo Ambriz Arévalo y Ricardo Bernal Lugo (Coordinadores). *El Derecho contra el Capital. Reflexiones desde la Izquierda Contem-poránea* (2016).

Jacques Bidet. *Para una Refundación del Marxismo. Reflexiones sobre El Capital, el Estado-Mundo y el régimen neoliberal* (Ricardo Bernal Lugo, editor, 2017).

Ernst Kantorowicz. *Morir por la patria* (Estudio introductorio de Sergio Pérez y Javier Balladares, 2018).

Colección Problemas de México

Jorge Rendón Alarcón. *Sociedad y conflicto en el Estado de Guerrero, 1911-1995. Poder político y estructura social de la entidad* (2019).

Oscar Javier Apáez Pineda y Ricardo Bernal Lugo (Coordinadores). *Dimensiones de la desigualdad en México* (2020).